HISTÓRIA E GEOGRAFIA
MARCHA CRIANÇA
4º ANO

Maria Teresa Marsico

Professora graduada em Letras pela Universidade Federal do Rio de Janeiro (UFRJ) e em Pedagogia pela Sociedade Unificada de Ensino Superior Augusto Motta. Atuou por mais de trinta anos como professora de Educação Infantil e Ensino Fundamental das redes municipal e particular no município do Rio de Janeiro.

Maria Elisabete Martins Antunes

Professora graduada em Letras pela Universidade Federal do Rio de Janeiro (UFRJ). Atuou durante trinta anos como professora titular em turmas do 1º ao 5º ano na rede municipal de ensino do Rio de Janeiro.

Armando Coelho de Carvalho Neto

Atua desde 1981 com alunos e professores das redes oficial e particular de ensino do Rio de Janeiro. Desenvolve pesquisas e estudos sobre metodologias e teorias modernas de aprendizado. É autor de obras didáticas para Ensino Fundamental e Educação Infantil desde 1993.

Agora você também consegue acessar o *site* exclusivo da **Coleção Marcha Criança** por meio deste QR code.

Basta fazer o *download* de um leitor QR code e posicionar a câmera de seu celular ou *tablet* como se fosse fotografar a imagem acima.

editora scipione

CB028472

editora scipione

Diretoria de conteúdo e inovação pedagógica
Mário Ghio Júnior

Diretoria editorial
Lidiane Vivaldini Olo

Gerência editorial
Luiz Tonolli

Editoria de Anos Iniciais
Tatiany Telles Renó

Edição
Daniella Almeida Barroso (Boreal Edições)

Arte
Ricardo de Gan Braga (superv.),
Andréa Dellamagna (coord. de criação),
Gláucia Correa Koller (progr. visual de capa e miolo),
Yong Lee Kim (editor de arte) e
Casa de Tipos (diagram.)

Revisão
Hélia de Jesus Gonsaga (ger.), Rosângela Muricy (coord.),
Ana Curci e Heloísa Schiavo (prep.),
Gabriela Macedo de Andrade, Luís Maurício Boa Nova,
Patrícia Travanca, Vanessa de Paula Santos e
Brenda Morais (estag.)

Iconografia
Sílvio Kligin (superv.), Denise Duran Kremer (pesquisa),
Cesar Wolf e Fernanda Crevin (tratamento de imagem)

Ilustrações
ArtefatoZ (capa), Ilustra Cartoon, Luis Moura,
Douglas Galindo, Osni de Oliveira, Cícero Soares,
Daniel Kondo e Andréia Vieira

Cartografia
Eric Fuzii, Marcelo Seiji Hirata, Marcio Souza,
Robson Rosendo da Rocha, Allmaps e DACOSTA MAPAS

Os textos sem referência são de autoria de Teresa Marsico e Armando Coelho.

Direitos desta edição cedidos à Editora Scipione S.A.
Avenida das Nações Unidas, 7221, 3ª andar, Setor D
Pinheiros – São Paulo – SP – CEP 05425-902
Tel.: 4003-3061
www.scipione.com.br / atendimento@scipione.com.br

Dados Internacionais de Catalogação na Publicação (CIP)
(Câmara Brasileira do Livro, SP, Brasil)

Marsico, Maria Teresa
  Marcha criança : história e geografia, 4º ano : ensino fundamental / Maria Teresa Marsico, Maria Elisabete Martins Antunes, Armando Coelho de Carvalho Neto. – 13. ed. – São Paulo : Scipione, 2015. – (Coleção marcha criança)

  Bibliografia.

  1. Geografia (Ensino fundamental) 2. História (Ensino fundamental) I. Antunes, Maria Elisabete Martins. II. Carvalho Neto, Armando Coelho de. III. Título. IV. Série.

15-02857   CDD-372.89

Índice para catálogo sistemático:
1. História e geografia : Ensino fundamental   372.89

2017
ISBN 978 85 262 9570 4 (AL)
ISBN 978 85 262 9569 8 (PR)
Cód. da obra CL 738989
CAE 541861 (AL) / 541862 (PR)
13ª edição
4ª impressão

Impressão e acabamento
Bercrom Gráfica e Editora

Apresentação

Querido aluno, querida aluna,

Preparamos este livro com muito carinho especialmente para você. Ele está repleto de situações e atividades motivadoras, que certamente despertarão seu interesse e lhe proporcionarão muitas descobertas. Esperamos que com ele você encontre satisfação no constante desafio de aprender!

Ao final de cada Unidade apresentamos a seção **Ideias em ação**. Nela, você e seus colegas colocarão em prática alguns dos conhecimentos adquiridos no decorrer de seus estudos.

Além disso, como novidade, temos a seção **O tema é...**, trazendo para você temas para discutir, opinar e conhecer mais. De modo envolvente, essa seção preparará você e seus colegas para compreender melhor o mundo em que vivemos.

Crie, opine, participe, aprenda e colabore para fazer um mundo melhor. E lembre-se sempre de compartilhar seus conhecimentos com todos a sua volta.

Bons estudos e um forte abraço,

Maria Teresa, Maria Elisabete e Armando

Conheça seu livro

Este livro está dividido em duas partes: uma de História e outra de Geografia. Veja a seguir como o seu livro está organizado em cada uma dessas partes.

Unidade

Seu livro está organizado em quatro Unidades de História e quatro de Geografia. As aberturas são em páginas duplas. Em **Vamos conversar?** você e seus colegas discutem algumas questões e conversam sobre a imagem de abertura. Em **O que vou estudar?** você encontra um resumo do que vai aprender em cada Unidade.

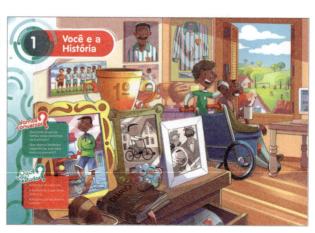

Atividades

Momento de aplicar o conhecimento na prática por meio de atividades diversificadas.

Saiba mais

Seção com curiosidades ou informações mais detalhadas sobre alguns temas relativos às disciplinas de História ou Geografia.

O tema é...

Seção que traz temas para você discutir, opinar e aprender mais!

Ideias em ação

Esta seção encerra a Unidade. Nela, você faz experimentos e constrói objetos, seguindo algumas etapas.

Sugestões para o aluno

Seleção de livros para complementar seus estudos e ampliar seus conhecimentos.

Glossário

Para facilitar o entendimento, você encontra o significado de algumas palavras no final do livro. Essas palavras aparecem destacadas no texto.

Materiais de apoio

Caderno de criatividade e alegria

Material no final do livro que explora os conteúdos de História e Geografia de forma lúdica e criativa.

Caderno de mapas

Material avulso no qual você aprende mais sobre os mapas e outras representações cartográficas.

Página +

No final do livro, você encontra uma página especial ilustrada, que destaca alguns dos assuntos explorados no livro.

Quando você encontrar estes ícones, fique atento!

 atividade oral   atividade no caderno   atividade em grupo

 Este ícone indica objetos educacionais digitais (OEDs) relacionados aos conteúdos do livro. Acesse: <www.marchacrianca.com.br>.

Sumário geral

Este livro está dividido em duas disciplinas:

HISTÓRIA

UNIDADE 1 Você e a História 8

UNIDADE 2 Brasil: a população indígena 38

UNIDADE 3 Brasil: a ocupação colonial portuguesa 66

UNIDADE 4 Trabalho escravo e imigração 96

Sugestões para o aluno 128

GEOGRAFIA

UNIDADE 1 A divisão dos espaços geográficos 132

UNIDADE 2 Estudando a paisagem 166

UNIDADE 3 A população e as atividades econômicas ... 208

UNIDADE 4 Os meios de transporte e os meios de comunicação 240

Sugestões para o aluno 266

Glossário 269

Bibliografia 271

Sumário

UNIDADE 1 — Você e a História 8

Capítulo 1: Você e a sua história 10
A memória e a sua história 10

Capítulo 2: OED O tempo e a sua história 14
Brincadeiras de criança 15
Os antepassados 16
O tema é... Certidão de nascimento para a garantia de direitos 20

Capítulo 3: A história do lugar onde você vive 22
A história do Rio de Janeiro 23
As transformações no Rio de Janeiro 24

Capítulo 4: Desenhos que contam história 26

Capítulo 5: O que os pesquisadores contam 30
O primeiro ser humano das Américas 32
A tradição oral 34

Ideias em ação: Construindo um papagaio de papel 36

UNIDADE 2 — Brasil: a população indígena 38

Capítulo 6: OED Os primeiros grupos humanos 40
As pesquisas sobre os primeiros grupos humanos 42
A importância da escrita para a História 44
O tema é... A morte de línguas indígenas 48

Capítulo 7: Os povos indígenas brasileiros 50
A cultura indígena 54

Capítulo 8: A relação entre portugueses e indígenas 60
Os jesuítas 61

Ideias em ação: Aprendendo a fabricar tecido 64

UNIDADE 3 — Brasil: a ocupação colonial portuguesa 66

Capítulo 9: A chegada dos portugueses ... 68

Capítulo 10: As expedições e as riquezas da nova terra 72
O pau-brasil 73
Consequências da exploração do pau-brasil ... 76

Capítulo 11: A cana-de-açúcar 78
O tema é... Questões do campo brasileiro 82

Capítulo 12: Os fortes portugueses 84

Capítulo 13: Novas riquezas e o povoamento do interior 86
A mineração 86
Principal produto econômico 87
Os bandeirantes 88
Os primeiros povoados 89
A ocupação do interior 90

Ideias em ação: Construindo um periscópio 94

UNIDADE 4 — Trabalho escravo e imigração 96

Capítulo 14: OED A escravização dos africanos 98
O cotidiano da escravidão 100
As condições de vida da população escravizada 102
A diversidade da população africana escravizada 103
O fim da escravidão 106
A situação dos escravos libertos 107
O tema é... As condições de vida da população negra brasileira 110

Capítulo 15: A contribuição africana para a identidade brasileira 112
A resistência africana 113
As influências africanas na cultura brasileira 114
As condições de vida na colônia 116

Capítulo 16: Chegam os imigrantes 120

Capítulo 17: Viver no Brasil hoje 124
O que é ser criança hoje no Brasil 124
Migração e diversidade cultural 125

Ideias em ação: Construindo um zootrópio 126

Ilustra Cartoon/Arquivo da editora

Reprodução/Museu Paulista da USP

UNIDADE 1
Você e a História

Vamos conversar?
- Que lembranças da família estão presentes na ilustração?
- Que objetos lembram experiências que você viveu no passado?

O que vou estudar?
- A história de cada um
- A história do lugar onde você vive
- A história que os objetos contam

Ilustra Cartoon/Arquivo da editora

Capítulo 1 — Você e a sua história

● A memória e a sua história

Laura está olhando fotos antigas de sua família e ouve com interesse as histórias contadas por sua bisavó.

EU NASCI EM UMA FAZENDA QUE SE CHAMAVA FAZENDA DOS ALMEIDAS. MEU PAI VEIO TRABALHAR PARA OS DONOS. CONHECEU MINHA MÃE E CASOU COM ELA. EU GOSTAVA DE BRINCAR DE BOCA DE FORNO E DE RODA.

Quando vemos fotos, lemos documentos antigos ou ouvimos histórias de pessoas mais velhas, estamos recuperando lembranças. Por meio das lembranças nós ficamos sabendo como eram os costumes de uma época, por exemplo, e percebemos as mudanças que ocorreram com o passar do tempo.

Leia na página ao lado algumas lembranças de Vânia, que volta aos tempos de infância ao deixar cair uma caixa cheia de bugigangas de cima do armário. Ela começa a juntar as coisas para guardar de novo e...

Ilustrações: Ilustra Cartoon/Arquivo da editora

[...] ... um botãozinho alaranjado me saltou aos olhos, trazendo velhas e doces lembranças. Então, como num filme, as imagens me vieram à mente.

Eu era gordinha (acho que ainda sou) e levava muitos lanches para comer no recreio da escola. Pão com isso, pão com aquilo, fruta, doce... Passava quase o recreio todo comendo minhas delícias. Só me atrapalhava quando o Adriano, meu vizinho, passava por perto e me provocava dizendo:

– Bola, bolinha balofa!

E corria, olhando para trás, rindo. Até que um dia eu me enchi e planejei minha desforra. Fiquei num canto da escola que tinha duas saídas. Comecei a comer minhas delícias e dali a pouco apareceu o Adriano, com sua cara de canivete enferrujado, gritando:

– Bola, bolinha balofa!

E saiu correndo por um dos lados. Eu me levantei depressa e corri pelo outro lado. Não deu outra: de repente, nós dois cara a cara.

Ele levou um baita susto, quis fugir, mas eu agarrei-o pela camisa e fui dizendo:

– Fala, agora, cara de canivete sujo, quem é balofa?!

Claro que ele não respondeu. E escapou de mim, deixando apenas um botão redondinho e alaranjado nas minhas mãos, arrancado de sua blusa.

Depois disso... depois disso, ele nunca mais me provocou. E o botão foi para mim, durante muito tempo, um troféu de vitória.

Tantas histórias numa caixa de sapatos, de Edson Gabriel Garcia. São Paulo: FTD, 1998.

O que são as coisas senão as lembranças que elas provocam? No botãozinho alaranjado, a presença de Adriano...

Quantas histórias cabem numa caixa de sapatos?

1 Você tem algum objeto guardado que lhe traz alguma lembrança? Que lembrança é essa? Escreva no espaço abaixo.

....

....

....

....

2 O modo de se vestir modificou-se ao longo do tempo. Leia o texto a seguir.

Álbum de família

Quando vovó, que na verdade era a avó da mamãe, veio para nossa casa, trouxe um baú, uma mala-sanfona e uma caixa redonda. E eu fiquei muito curiosa para saber o que a vovó guardava dentro de cada um.

Depois fiquei sabendo: na mala, os vestidos, quase todos de bolinhas ou então azuis. Vovó gostava muito de azul… No baú, o enxoval de vovó, tudo branco, meio amarelado, com bordado ou renda nas beiradas dos lençóis e das toalhas. E retratos, meio marrons, meio amarelos, da vovó quando nova, da minha outra avó – filha dessa avó –, da mamãe quando menina… Mas na caixa redonda havia o maior tesouro que já tinha aparecido lá em casa.

Era uma caixa de guardar chapéu. Tinha chapéu amassado, furado, chapéu de fita, chapéu enfeitado de flor e um chapéu lindo, com passarinho, um alfinete e um véu de tule para cobrir o rosto.

Álbum de família, de Lino de Albergaria. São Paulo: Edições SM, 2005. (Muriqui Júnior).

 • Converse com pessoas da família ou conhecidos que tenham mais de 60 anos para saber como eram as roupas, os sapatos e outros objetos usados na época e no lugar onde moravam quando crianças.

3 Leia mais uma história de vida.

> Em 1949, Francesco veio para o Brasil, deixando para trás uma Itália arrasada pela guerra. Ele veio com muita gente, em busca de uma nova terra com melhores condições de vida.
>
> Em 1973, Joaquina saiu do estado da Paraíba e veio morar em São Paulo. Como ela, várias pessoas procuraram melhores condições de moradia e trabalho em outras regiões do Brasil.
>
> Durante longo tempo, não só pessoas de outros países vieram para o Brasil, como também muitas das que já moravam aqui se deslocaram de regiões rurais ou de pequenas regiões urbanas para os grandes centros urbanos, principalmente para o Sudeste do país.
>
> Em razão desses deslocamentos, de um país estrangeiro para o nosso país ou de uma região brasileira para outra, muitos membros das famílias que vivem aqui têm **diferentes origens**.

Por meio do relato de nossos pais, avós, parentes, amigos e vizinhos, também podemos conhecer nossa história e descobrir nossas origens.

a) Converse com os colegas sobre as origens deles.

b) Depois entreviste algumas pessoas (familiares, amigos, vizinhos) e preencha o quadro.

Você	Nome completo: ....
	Data de nascimento: ....
	Local de nascimento: ....
....	Nome completo: ....
	Data de nascimento: ....
	Local de nascimento: ....
....	Nome completo: ....
	Data de nascimento: ....
	Local de nascimento: ....

Capítulo 2 — O tempo e a sua história

Veja a **linha do tempo** de Giulia. A menina a dividiu de dois em dois anos. Nela, Giulia mostra algumas experiências muito importantes em sua vida.

Por meio da linha do tempo, é possível organizar os acontecimentos de um período. Ela também é usada para destacar os eventos mais importantes.

A linha do tempo pode ser dividida de várias formas: de ano em ano, de dez em dez anos, de cem em cem anos, por exemplo.

Brincadeiras de criança

Nos depoimentos a seguir, as pessoas falam das brincadeiras que faziam quando eram crianças.

Nós brincávamos na rua. Ao cair da tarde, a garotada saía de casa e se juntava: meninos para um lado e meninas para o outro. Nessa parte do dia, a brincadeira favorita das meninas era o pique. Já os meninos não largavam a bola por nada e inventavam mil maneiras de brincar com ela.

Depoimento do senhor Carlos (que nasceu em 1946) especialmente para esta obra.

Quando éramos crianças, eu e meu irmão gostávamos de jogar bola de gude, na rua de terra, onde buraquinhos eram abertos para brincar de bola ou búrica. Quando conseguíamos rolimãs, fazíamos carrinhos e ora eu puxava, ora meu irmão, e descíamos a ladeira. Minhas irmãs brincavam de boneca e aprendiam com nossa avó a fazer lindas colchas de retalhos.

Depoimento do senhor Fernando Gonçalves (que nasceu em 1952) especialmente para esta obra.

Eu me lembro que, quando era criança, meus pais não me deixavam brincar na rua. O máximo que me permitiam era brincar no quintal nos fundos da casa onde morávamos. Meu pai amarrava uma corda em um dos galhos grossos de uma mangueira e fazia um balanço, colocando um pedaço de madeira para servir de assento. Aí eu pegava minha boneca de pano e ficava horas me balançando e conversando com ela.

Depoimento da dona Cecília (que nasceu em 1954) especialmente para esta obra.

● Os antepassados

Fernando interessou-se em pesquisar suas origens.

Ele falou com os parentes para conseguir algumas informações. Ouviu relatos, consultou **documentos**, como certidões de nascimento, de casamento e até de óbito.

Veja a certidão de casamento dos pais de Fernando:

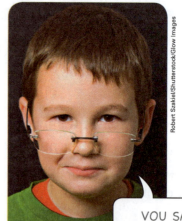

VOU SABER MAIS SOBRE A MINHA FAMÍLIA!

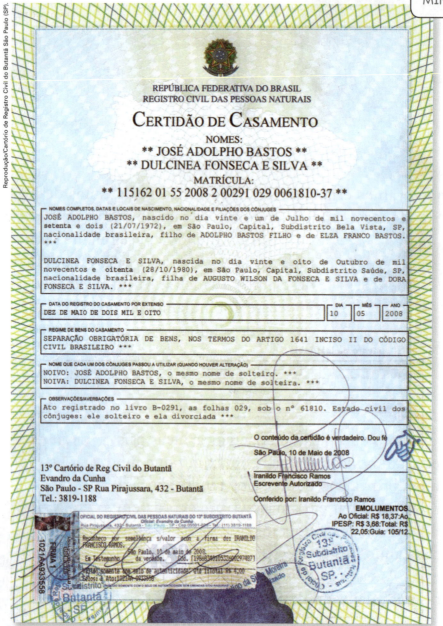

Agora peça a uma pessoa de sua família para ver uma certidão de casamento.

Capítulo 2 – O tempo e a sua história

Com o auxílio de documentos, nós podemos conhecer mais sobre nossa própria história e sobre a história do lugar onde vivemos.

Fernando pesquisou, reuniu um conjunto de fontes de informação e organizou, em uma **árvore genealógica**, a sequência de parentes de sua família.

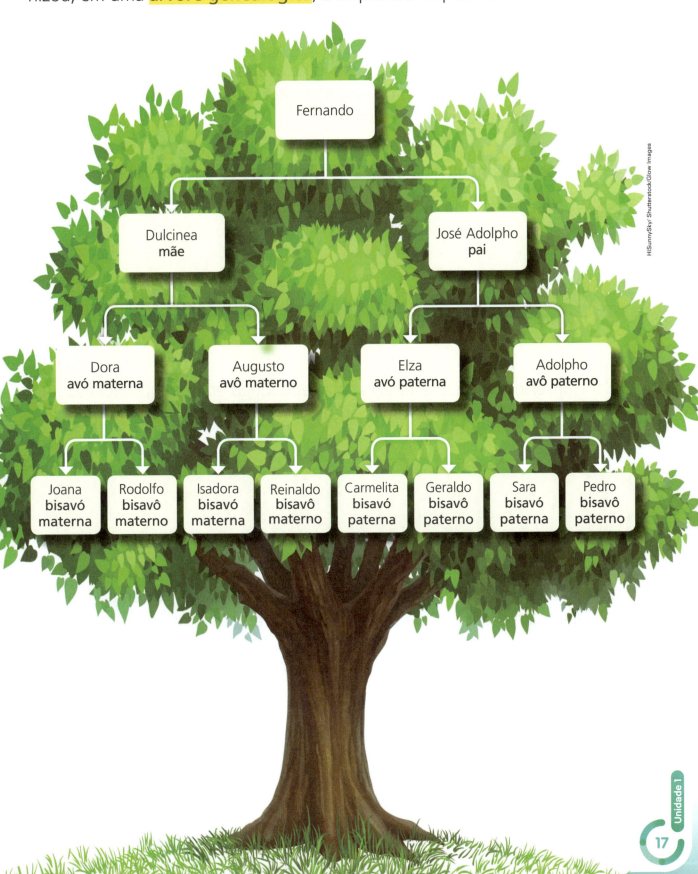

Atividades

1) Que tal organizar uma linha do tempo desde seu nascimento até a data atual?

- Faça sua linha do tempo em uma folha avulsa. Se quiser, complemente-a com desenhos, fotos ou objetos ligados a cada fase da sua vida. Depois de pronta, mostre-a aos colegas.

2) Releia os depoimentos da página 15. Responda às questões abaixo.

a) Você se lembra do que gostava de brincar quando era bem pequeno?

....
....
....

b) Converse com seus familiares para saber quais eram as brincadeiras preferidas deles quando eram crianças.

....
....
....

c) Compare suas brincadeiras com as de seus familiares no tempo em que eles eram crianças. Que semelhanças e diferenças existem?

....
....
....

- Agora converse com os colegas sobre essas questões.

Capítulo 2 – O tempo e a sua história

3 Quem são nossos bisavós? Assinale a resposta correta.

◯ São os pais dos nossos pais.

◯ São os pais dos nossos avós.

◯ São os pais dos nossos tios.

4 Se possível, monte a sua árvore genealógica. Se você não tiver as informações, peça ajuda a seus familiares.

O tema é...
Certidão de nascimento para a garantia de direitos

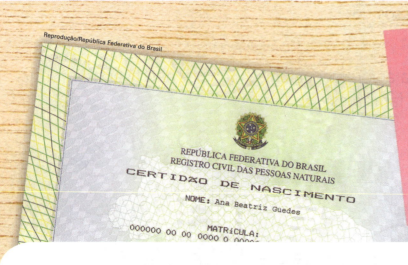

De acordo com o Censo, havia, em 2010, aproximadamente 600 mil crianças de 0 a 10 anos de idade sem o registro de nascimento.

- O que pode explicar haver tantas crianças sem certidão de nascimento? Converse com seus familiares para saber como funciona o registro de nascimento: quem informa ao cartório o nascimento de uma criança?
- Você se lembra de alguma vez em que seus pais tiveram de mostrar sua certidão de nascimento? Onde? O que você acha que teria acontecido se você não tivesse registro?

A certidão de nascimento é documento obrigatório para viagem de crianças e adolescentes.

- Você se lembra de já ter mostrado sua certidão de nascimento em alguma viagem? Que outros documentos você precisou mostrar?
- Você já viajou com pessoa que não fosse seu pai ou sua mãe? O que foi preciso fazer para autorizar a viagem?

Crianças brasileiras nascidas no exterior que participaram do movimento "Brasileirinhos apátridas". Berna (Suíça), 2002.

Art. 12. São brasileiros:

I – natos:

a) os nascidos na República Federativa do Brasil [...];

c) nascidos no estrangeiro de pai brasileiro ou de mãe brasileira [...].

Constituição da República Federativa do Brasil de 1988. Disponível em: <www.planalto.gov.br/ccivil_03/constituicao/constituicao.htm>. Acesso em: 27 fev. 2015.

Em 1994 uma revisão da Constituição impôs condições para que os filhos de brasileiros nascidos no exterior tivessem a nacionalidade brasileira: era preciso vir morar no Brasil! O movimento "Brasileirinhos apátridas" lutou pela mudança na Constituição, o que aconteceu em 2007.

- Por que a revisão da Constituição transformou muitas crianças brasileiras nascidas no exterior em apátridas? Pesquise sobre essa situação e compartilhe suas descobertas com os colegas.
- Qual é a importância do registro de nascimento para as crianças brasileiras nascidas no exterior?

Capítulo 3 — A história do lugar onde você vive

O lugar onde você vive tem uma história.

No passado, para viverem nele, os seres humanos o adaptaram conforme as necessidades e os valores culturais da época.

O que hoje você pode achar estranho no lugar onde vive provavelmente foi criado por um motivo importante.

Para conhecer um pouco da história do lugar onde vivemos, os pesquisadores coletam diferentes tipos de documento: fotografias, livros, jornais, entrevistas, depoimentos, construções, cartas, obras artísticas, entre outros.

Jornal paulistano **A Plebe**, em edição de 21 de junho de 1919. Jornais e revistas são documentos importantes para o trabalho de pesquisadores, que podem conhecer aspectos do cotidiano em outros períodos da História.

Praça da Catedral, atual praça Dom Pedro II, em Maceió (AL), 1915. As fotografias também contribuem para que possamos conhecer a história de um lugar, pois registram transformações na paisagem.

Leia a seguir como, por meio de vários documentos, foi possível reconstituir e conhecer a história de um famoso lugar do Brasil.

A história do Rio de Janeiro

Há muitos anos, uma ==expedição== portuguesa que explorava o litoral passou pela entrada de uma ==baía==. Os portugueses a princípio imaginaram ser a foz de um grande rio – o que viria a ser desmentido depois – e, como era janeiro, chamaram o local de Rio de Janeiro.

Nesse lugar, habitavam os tamoios. Eles já chamavam o local de *Iguáa-mbara*, que significa 'braço de mar', origem da palavra **Guanabara**.

Aldeia de caboclos em Cantagalo, litografia colorida à mão, de Jean-Baptiste Debret, século XIX. Nesta imagem estão representados indígenas da aldeia de São Pedro de Cantagalo, na então província do Rio de Janeiro, muitos anos depois dos primeiros contatos com os europeus. **Caboclo** era o nome dado aos indígenas que já tinham contato com os colonizadores.

Naquela época, o Brasil era administrado por um governador-geral. O cargo era ocupado por Mem de Sá, enviado ao Brasil em 1558.

Com a chegada de Estácio de Sá, sobrinho do governador-geral, começou-se a povoar a região. Em 1565, ele iniciou a construção de uma fortificação na entrada da baía de Guanabara, entre os morros Cara de Cão e Pão de Açúcar. Era 1º de março e nascia, assim, a cidade de São Sebastião do Rio de Janeiro.

Tempos depois, a cidade mudou-se para o Morro do Descanso, mais tarde chamado de Morro do Castelo, e a partir dali começou a desenvolver-se.

As transformações no Rio de Janeiro

Nos primeiros tempos, as ruas eram pequenas trilhas, o que dificultava a locomoção das pessoas de um lugar para outro.

Duzentos anos depois, o Rio de Janeiro transformou-se na capital da colônia e depois, em 1808, na capital do Reino, com a chegada da família real. A partir dessa data, o Rio tomou ares de cidade europeia, com grandes obras arquitetônicas.

Com a volta da família real para Portugal, o Rio de Janeiro tornou-se a capital do Império e viveu um período de grande progresso.

O Rio de Janeiro ainda seria palco de grandes fatos históricos, como a Proclamação da República, em 1889.

Atualmente, o Rio de Janeiro conserva muitas obras de séculos passados, preservando a sua história, como é o caso do Paço Imperial, palco de grandes acontecimentos na história do Brasil.

Paço Imperial, no Rio de Janeiro (RJ), cerca de 1840.

Paço Imperial, no Rio de Janeiro (RJ), 2007.

Construído em 1743, na época do Brasil colonial, o Paço Imperial já foi casa de vice-reis e sede do governo imperial até a Proclamação da República, em 15 de novembro de 1889.

Agora vamos refletir um pouco sobre o texto que você leu. Esses documentos, construções e objetos são **evidências** de uma coisa que aconteceu. Eles nos ajudam a entender o passado, mas não mostram exatamente o que houve nem tudo o que ocorreu.

O historiador, com base nas informações pesquisadas, consegue entender (pelo menos um pouquinho) o que se passou.

1 Com base no texto que você acabou de ler, conte no caderno, com suas palavras, como nasceu a cidade do Rio de Janeiro.

2 Que documentos você acha que o autor desse texto buscou para escrevê-lo? Cite alguns.

....

....

....

3 Agora é sua vez! Faça uma pesquisa sobre a história de seu município seguindo as etapas abaixo.

- Entreviste pessoas, procure informações em livros, enciclopédias, *sites* da internet, museus, construções históricas e outras fontes.
- Use o roteiro de perguntas abaixo, que pode ajudá-lo:

    a) Como se formou seu município? Houve algum fato ou causa conhecidos que motivaram a fundação dele?

    b) Qual é a data de sua fundação? Quem foi o fundador do município?

    c) De onde ele veio?

- Depois escreva essa história numa folha à parte.

4 E hoje, como está seu município? O que ele tem de bom? O que precisa ser feito para que ele se torne um lugar melhor para viver?

....

....

5 Tente conseguir fotos, cartões-postais e outras imagens que mostrem seu município em diferentes épocas. Faça um cartaz com o título "Meu município no passado e no presente".

Capítulo 4 — Desenhos que contam história

Observe cuidadosamente cada figura e as legendas que as acompanham.

Rua Direita, litografia colorida à mão, de Johann Moritz Rugendas, século XIX.

Mulher mameluca, óleo sobre tela, de Albert Eckhout, 1641.

O regresso de um proprietário, litografia colorida à mão, de Jean-Baptiste Debret, século XIX.

Até 1839 não existia fotografia. O gravador e a filmadora só seriam inventados muito tempo depois. Assim, os **viajantes estrangeiros** que visitavam nossas terras registravam, escrevendo e desenhando, tudo aquilo que viam.

Alguns dos textos, dos desenhos e das pinturas desses viajantes são conservados até hoje. Eles nos ajudam a ter uma ideia de como eram as pessoas e as paisagens no Brasil muitos anos atrás.

Visitantes estrangeiros

Johann Moritz Rugendas
(1802-1858)
O alemão veio ao Brasil como membro de uma expedição científica.

Auguste de Saint-Hilaire
(1779-1853)
O francês visitou diversas regiões estudando a flora do país.

Maria Grahan
(1785-1842)
A britânica viveu no Rio de Janeiro durante alguns anos.

Carl von Martius
(1794-1868)
Johann Baptiste von Spix (1781-1826)
Os alemães percorreram grande parte do país coletando espécies da flora.

As pinturas e os desenhos são **documentos** que os historiadores podem usar para saber como os artistas de determinadas épocas viam e retratavam as cidades, como mostravam o que achavam de interessante no período em que viveram, como era a paisagem, como eram as roupas e os brinquedos.

Atividades

1 Como nós já vimos, algumas imagens podem ser consideradas documentos históricos, pois elas nos permitem saber como eram, em determinadas épocas, as cidades, a vida das pessoas, a paisagem, entre outros elementos.

a) Observe atentamente a imagem ao lado.

Uma cena de rua parisiense, óleo sobre tela de Francesco Galaup Miralles, 1848-1901.

b) O que você vê nessa imagem?

....
....
....

c) Troque ideias com os colegas. Eles observaram algo diferente de você? Quais são essas diferenças?

....
....
....

2 Escolha um fato interessante sobre o município em que vive e registre no caderno, descrevendo-o por meio de um texto. Se quiser, você também pode usar desenhos e fazer colagens.

Capítulo 4 – Desenhos que contam história

3 Agora complete esta "certidão de nascimento" do município onde você nasceu.

O nome do município é:

Localização:

Estado: País:

Fundação:

História do município:

No passado:

No presente:

4 Procure fotos, desenhos ou pinturas de outro município do seu estado que não seja aquele em que você vive.

a) Cole-os em uma folha à parte, indicando o nome do município.

b) Escreva algo que você julgar interessante sobre ele.

c) Alguém escolheu o mesmo município que você?

Capítulo 5

O que os pesquisadores contam

Observe estas imagens e converse sobre elas com o professor e os colegas.

Detalhe de inscrições rupestres encontradas na chapada dos Guimarães (MT), 2010.

Pintura rupestre encontrada no sítio arqueológico do Parque Nacional da Serra da Capivara, em São Raimundo Nonato (PI), 2009.

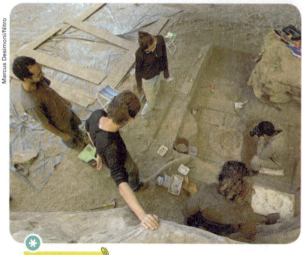

Arqueólogos trabalhando numa escavação em Matozinhos (MG), 2011.

Restos arqueológicos com ossadas de animais e peças de porcelana encontrados durante escavação para construção de linha de metrô em São Paulo (SP), 2009.

Os historiadores tentam descobrir, por meio de documentos, como era a vida dos primeiros grupos humanos que viveram no planeta.

Os arqueólogos também pesquisam os povos antigos. Eles fazem isso por meio de uma ciência chamada **Arqueologia**, que estuda a vida e a cultura de povos antigos com base em seus vestígios arqueológicos.

Alguns dos principais sítios arqueológicos brasileiros ficam no Parque Nacional da Serra da Capivara, no estado do Piauí.

Arqueólogos em uma das cavernas do Parque Nacional da Serra da Capivara, em São Raimundo Nonato (PI), 2010.

Saiba mais

Pinturas rupestres

A tinta de pedra que fornecia as cores para as pinturas rupestres era feita de cacos de minério: os artistas primitivos raspavam as pedras para arrancar os pigmentos coloridos. O vermelho e o amarelo vinham do minério de ferro, o preto, do manganês. Misturado com cera de abelha ou resina de árvores, o pigmento virava tinta.

Arte pré-histórica, de Simone Martins e Margaret Imbroisi. Disponível em: <www.historiadaarte.com.br/linha/prehistbr.html>. Acesso em: 4 dez. 2014. (Texto adaptado).

O primeiro ser humano das Américas

No Parque Nacional da Serra da Capivara foram encontrados restos de fogueira e de pedras lascadas que se acredita terem mais de 50 mil anos, além de pinturas rupestres que parecem ter mais de 40 mil anos. Alguns pesquisadores afirmam que essas evidências mostram que o ser humano já vivia no continente há todo esse tempo.

Certos arqueólogos duvidam dessa teoria e acreditam que o ser humano só migrou para a América milhares de anos depois. Segundo eles, alguns grupos humanos teriam atravessado o estreito de Bering, no norte do continente americano, e então migrado para o sul, até chegar ao Brasil, há cerca de 15 mil anos.

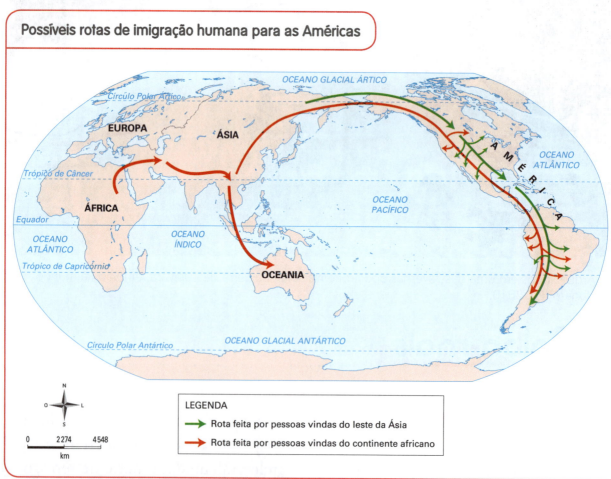

Adaptado de: **O povo de Luzia: uma busca dos primeiros americanos**, de Walter Alves Neves e Luís Beethoven Piló. São Paulo: Globo, 2008. p. 155.

O esqueleto humano mais antigo encontrado nas Américas tem cerca de 13 mil anos. Ele foi encontrado no México em 2007.

Atividade

○ Imagine que você é historiador ou arqueólogo e encontrou os vestígios mostrados nas figuras abaixo. Observe bem o que aparece em cada imagem e depois escreva uma legenda citando aquilo que você constatou.

....
....
....

....
....
....

A tradição oral

Existem também fontes históricas que não são documentos escritos nem iconográficos. São fontes orais que passam de geração em geração.

Os indígenas brasileiros, por exemplo, são povos que registram os acontecimentos do passado por meio de lendas e relatos orais.

Da mesma forma, muitas das tradições africanas são conhecidas até hoje porque continuam sendo transmitidas oralmente de pais para filhos.

Antes de surgir a escrita, as sociedades tinham apenas a tradição oral, além de desenhos e outros objetos, para transmitir o conhecimento às gerações seguintes. Grande parte das sociedades passou a adotar algum sistema de escrita, e aí ficou muito mais fácil guardar e transmitir conhecimentos. Mas muitas outras continuaram a existir mesmo sem a escrita – e por isso a tradição oral continua sendo tão importante para elas.

Mitos e lendas da África

Uma das formas que os povos encontraram para passar às gerações mais novas seus valores, costumes e suas histórias foi através dos mitos, cantos de louvor e lendas.

Muitas lendas descrevem a forma como as coisas, os valores e as crenças foram criadas: seres humanos, o mundo, os animais, as relações entre as pessoas.

Sendo a cultura africana, até pouco tempo, predominantemente oral, os cantos de louvor, os mitos cultuados e as lendas contadas de geração em geração foram sempre a forma mais eficaz de se manterem a tradição e os costumes.

Brasil afro-brasileiro: cultura, história e memória, de Manoel Alves de Sousa. Fortaleza: IMEPH, 2008. p. 120.

Muitos dos mitos e lendas brasileiros, como o Negrinho do Pastoreio, surgiram influenciados pela tradição oral africana.

Ideias em ação

Construindo um papagaio de papel

Papagaio, pipa, arraia, quadrado, pandorga... são muitos os nomes dados a esse brinquedo. Ele é muito antigo, tem mais de 2 mil anos!

Além de fazer parte da infância de muitas gerações, o papagaio é um brinquedo presente em todo o mundo.

Material necessário

- uma folha de papel de seda
- papel jornal
- linha de pipa
- fita adesiva
- tesoura sem pontas

Como fazer

1. Dobre a folha de papel de seda como indicado na ilustração. Corte um pedaço da ponta.

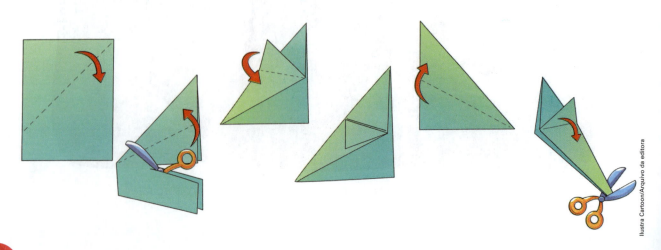

2. Recorte o papel jornal em duas tiras bem finas – elas serão a rabiola do papagaio.

3. Corte um fio de linha de 50 centímetros e prenda suas pontas nas laterais do papagaio. Amarre o restante da linha de pipa a esse fio, como indicado na ilustração.

4. Para colocar o papagaio no alto, posicione-se contra o vento e peça a ajuda de um colega para soltá-lo. Controle a posição do papagaio por meio da linha, soltando-a ou recolhendo-a de acordo com a situação. Atenção: você **não** deve soltar papagaio onde há postes e fios elétricos!

Atividade adaptada de: **Méga Expériences.** Paris: Nathan, 1995. p. 130-131.

UNIDADE 2
Brasil: a população indígena

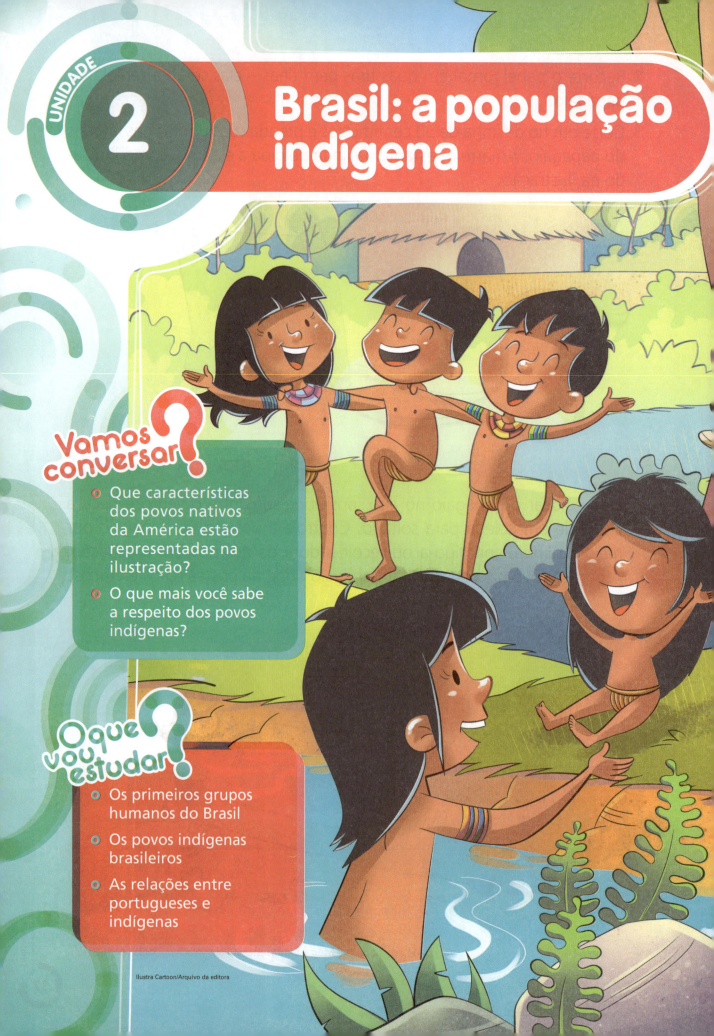

Vamos conversar?

- Que características dos povos nativos da América estão representadas na ilustração?
- O que mais você sabe a respeito dos povos indígenas?

O que vou estudar?

- Os primeiros grupos humanos do Brasil
- Os povos indígenas brasileiros
- As relações entre portugueses e indígenas

Ilustra Cartoon/Arquivo da editora

Capítulo 6 — Os primeiros grupos humanos

OED

Muitas pessoas em todo o mundo se dedicam a estudar a origem do ser humano. Os fósseis, assim como objetos e pinturas rupestres, são as principais fontes para esses estudos.

Nossos ancestrais viviam da coleta de frutos e raízes, da caça e da pesca, migrando de uma região para outra em busca da sobrevivência. A alimentação de todo um grupo dependia da habilidade em enfrentar grandes animais, como o mamute.

Adaptado de: **Atlas histórico: geral e do Brasil**, de Cláudio Vicentino. São Paulo: Scipione, 2011. p. 18-19.

O município de Lagoa Santa (MG) é considerado um dos sítios arqueológicos mais importantes do continente americano. Nesse sítio foi encontrado, em 1975, um dos mais antigos fósseis humanos, com cerca de 11 mil anos, batizado de Luzia.

Pintura rupestre é o nome que se dá às pinturas feitas pelos humanos sobre a superfície rochosa.

A descoberta do uso do fogo trouxe mudanças significativas nos hábitos alimentares. Foi fundamental também para aquecer os acampamentos.

As pesquisas sobre os primeiros grupos humanos

Há cerca de 12 mil anos, nenhum dos grupos humanos que viveram nas terras que hoje são o Brasil conhecia ou tinha uma escrita. Como podemos, então, ter ideia de como eles viviam?

Parque Nacional da Serra do Cipó (MG), 2007.

Os desenhos feitos nas rochas das cavernas geralmente eram figuras de animais e seres humanos.

Vale das Perdidas (MT), 2009.

Objetos de pedra (pilão e machado) encontrados no sítio arqueológico de Cabaceiras (PB). A pedra foi muito usada para a confecção de objetos. Ao longo do tempo, os primeiros grupos humanos passaram a fabricar armas, ferramentas e utensílios mais aperfeiçoados, como pontas de lança de pedra lascada e machados de pedra polida.

Pinturas, instrumentos e outros materiais encontrados em cavernas permitem reconstruir a vida de pessoas que viveram milhares de anos atrás. Esses vestígios de antigas aldeias são localizados por meio de escavações e descobertas feitas por arqueólogos.

A partir dessa análise, os pesquisadores constataram que os primeiros grupos humanos que viveram nas terras que hoje formam o Brasil, há mais de 10 mil anos, pintavam nas paredes das grutas os animais que caçavam.

Com a escrita, o ser humano passou a registrar muito mais informações sobre a sua vida. Sem o desenvolvimento dela, hoje não teríamos documentos que nos servem de material para entender o passado. Provavelmente a humanidade também não teria tanto conhecimento acumulado. É por isso que os estudiosos costumam chamar o período anterior à escrita de **Pré-História**.

Arqueólogos do Instituto Nacional de Arqueologia, Paleontologia e Ambiente do Semiárido trabalhando em sítio arqueológico no entorno do canal da transposição do rio São Francisco, em Salgueiro (PE), 2011.

A importância da escrita para a História

A escrita cuneiforme foi o primeiro sistema de escrita humana. Ele foi desenvolvido na Mesopotâmia, antes do ano 3000 a.C.

* Escrita cuneiforme

Vamos ler um pouco mais sobre o surgimento da escrita?

> No tempo em que o homem vivia em pequenas aldeias, conseguia guardar na memória o nome das pessoas que faziam parte de seu grupo, a quem pertencia cada rebanho, a quantidade de grãos colhida, entre outras informações. Porém, quando os grandes impérios se formaram, tornou-se necessário criar um sistema de controle que preservasse o maior tempo possível as informações que interessavam ao rei e ao seu governo. A escrita surgiu para atender a essa necessidade.
>
> Logo, outros assuntos começaram a ser registrados por escrito. Apareceram, assim, os livros sagrados, os códigos de leis, os livros das várias áreas do conhecimento e as obras literárias.
>
> A descoberta da escrita foi tão importante que os historiadores situam o nascimento da História a partir desse evento.
>
> **Enciclopédia do estudante: História Geral**. São Paulo: Moderna, 2008. p. 30.

Como surgiu o alfabeto?

A origem da escrita se perde na História e o sistema utilizado hoje pela maioria dos países ocidentais é resultado de inúmeras transformações ao longo do tempo. Tudo indica que sua versão mais antiga surgiu na Fenícia (atual Líbano), entre os anos 1400 e 1000 a.C.

Esse abecedário ancestral teria se inspirado nos hieróglifos, a escrita egípcia em que as ideias eram representadas por desenhos mas que, possivelmente, usava também sinais para sílabas.

No século VIII a.C., esse sistema foi assimilado e ligeiramente modificado pelos etruscos, povo que vivia no norte da Itália – e logo emprestado pelos vizinhos romanos, que praticamente definiram as letras como são usadas hoje.

Como surgiu o alfabeto? **Mundo Estranho**. Disponível em: <http://mundoestranho.abril.com.br/materia/como-surgiu-o-alfabeto>. Acesso em: 20 nov. 2014. (Texto adaptado).

Alfabeto fenício
Número de símbolos: 22.
Sentido de leitura: da direita para a esquerda.

Alguns alfabetos, de Elisa Batalha. **Invivo**. Disponível em: <www.invivo.fiocruz.br/cgi/cgilua.exe/sys/start.htm?infoid=914&sid=7>. Acesso em: 20 nov. 2014. (Texto adaptado).

Atividades

1 Observe mais algumas pinturas feitas em rochas no período pré-histórico no Brasil.

Pintura em rocha no Parque Nacional da Chapada Diamantina (BA).

Pintura em rocha no Parque Nacional da Serra da Capivara, em São Raimundo Nonato (PI).

a) Tente descrever a cena que cada imagem está mostrando.

Imagem 1: ....

....

Imagem 2: ....

....

b) Você acha que as cenas representadas nos desenhos têm alguma relação com as coisas que as pessoas faziam naquela época? Explique.

....

....

c) Agora que você já sabe o que esses desenhos mostram e qual relação eles têm com os hábitos das pessoas que os fizeram, tente responder: por que as pessoas do período pré-histórico faziam desenhos como esses?

....

....

Capítulo 6 – Os primeiros grupos humanos

2 Agora exercite a sua criatividade e seu instinto de pesquisador: observe os objetos abaixo e escreva o que se pode descobrir a partir da observação de cada um deles.

Parede de templo egípcio

Boneca licocó do povo Karajá

Vaso cerâmico do povo Kadiwéu

Arco e flechas indígenas

O tema é...
A morte de línguas indígenas

Você sabia? Se não fosse o indígena, a gente não tomaria suco de **maracujá**, não comeria **pipoca**, muito menos **tapioca**. Não viajaria a **Maceió** ou a **Paraíba**, nem mesmo a **Curitiba**.

- Você sabia que as palavras destacadas são de origem indígena?
- Que outras palavras de origem indígena você conhece?

Quando Cabral chegou à América do Sul, em 1500, havia aproximadamente 1 300 línguas indígenas. Hoje, segundo a Organização das Nações Unidas para a Educação, a Ciência e a Cultura (Unesco), restam 178 línguas indígenas e 81 delas correm risco de extinção.

- O que significa dizer que uma língua está correndo risco de extinção? Como você acha que isso acontece?
- Qual é o papel das crianças na sobrevivência das línguas do mundo?

Brasil: falantes de línguas ameaçadas de extinção

AMAZONAS
1 Kaixána
5 Juma
20 Bará
35 Barasána

PARÁ
4 Xipaya

MARANHÃO
2 Aurê-aurá

RONDÔNIA
1 Lakondê
2 Puruborá
6 Akuntsú
8 Ajurú/Wayurú/Wayoró
14 Karipúna
15 Sabanê
20 Latundê
30 Kwazá/Kwayá/Coaiá
30 Arikapú

MATO GROSSO
40 Tawandê
50 Mundúka

GOIÁS
16 Canoeiro

MATO GROSSO DO SUL
1 Chamacoco

LEGENDA
■ Estados com lista de falantes
■ Estados sem lista de falantes

Línguas do eu sozinho, de Fabíola Ortiz. **Língua Portuguesa**, dez. 2011. Disponível em: <http://revistalingua.uol.com.br/textos/68/artigo249117-1.asp>. Acesso em: 25 mar. 2015.

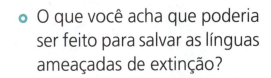

○ O que você acha que poderia ser feito para salvar as línguas ameaçadas de extinção?

○ Você conhece outros países onde as línguas indígenas tenham desaparecido ou estejam desaparecendo?

○ Por que você acha que há interesse em eliminar a língua de um povo?

Em 2008, o governo do Canadá pediu desculpas aos povos nativos do país por ter tirado mais de 150 mil crianças indígenas das suas famílias e tê-las enviado a internatos, onde foram proibidas de falar suas línguas maternas.

49

Capítulo 7 — Os povos indígenas brasileiros

Em 1500, quando os portugueses chegaram às terras que hoje formam o Brasil, encontraram povos indígenas que tinham costumes e modos de viver próprios. Esses povos não deixaram registros escritos contando a sua história; por isso a conhecemos por meio de relatos dos europeus, pelas pesquisas arqueológicas e pela tradição dos indígenas atuais.

Com o passar do tempo, o contato entre indígenas e europeus gerou o extermínio de várias sociedades indígenas, principalmente pelo ataque dos portugueses (para ocupar as terras onde os indígenas moravam) e pela transmissão de doenças (trazidas de países distantes).

Indígenas em sua cabana, litografia colorida à mão de Johann Moritz Rugendas, cerca de 1835. Essa obra é um exemplo de registro do modo de vida dos indígenas sob o ponto de vista de um europeu.

Os indígenas eram povos guerreiros que viviam em agrupamentos chamados pelos portugueses de aldeias.

Cada aldeia tinha um líder, um chefe que tomava as decisões nas guerras e em diversas situações – em muitos lugares era conhecido como **cacique**.

O texto a seguir explica um pouco mais sobre a chegada dos portugueses às terras que hoje são o Brasil.

As terras que receberam o nome de Brasil foram ocupadas muito antes da chegada dos portugueses, em 1500, por diversos povos indígenas. Esses povos desenvolveram culturas ricas e variadas no continente americano.

No entanto, não deixaram registros da sua história, porque não dominavam a escrita. Por isso, as informações que conseguimos reunir sobre eles vieram dos relatos do século XVI, escritos pelos europeus, e das pesquisas arqueológicas recentes. Com base nesses dados, podemos reconstituir o modo de vida dos povos que viveram antes da chegada dos europeus à América e que, por um engano de Cristóvão Colombo, foram chamados de índios.

O modo de vida das populações nativas

Antes da vinda dos portugueses, desde o litoral dos atuais estados do Maranhão até o Rio Grande do Sul, viviam povos indígenas que falavam uma língua semelhante e tinham costumes parecidos. Quase todos faziam parte de um grupo linguístico chamado de Tupi-Guarani.

A esse grupo pertenciam:

- os Tupinambá (da margem direita do rio São Francisco até a Bahia);
- os Tamoio (na baía da Guanabara);
- os Tupiniquim (no sul da Bahia e no litoral de São Paulo);
- os Carijó (de São Paulo até a lagoa dos Patos).

Muitas dessas tribos eram rivais e guerreavam entre si.

Aprendendo História e Geografia, de César Coll e Ana Teberosky. São Paulo: Ática, 2000. (Texto adaptado).

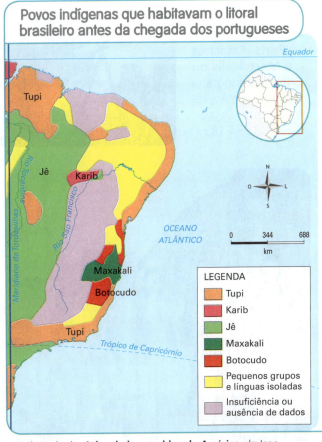

Adaptado de: **Atlas de los pueblos de América**, de Jean Sellier. Barcelona: Paidós, 2007. p. 10.

Saiba mais

Registros de povos indígenas pelos europeus

Durante o período que a esquadra de Pedro Álvares Cabral esteve aportada em trecho da costa sul-americana, Pero Vaz de Caminha descreveu os povos que habitavam essas terras. Esse é um importante registro escrito da vida dos povos indígenas.

Ao longo da ocupação dos territórios desses povos, foram feitas outras formas de registro a respeito de como viviam essas populações. Entre esses registros, destacam-se as pinturas.

Vamos conhecer duas dessas pinturas.

Botocudos, Puris, Patachos e Machacalis ou Gamelas, litografia colorida à mão, de Jean-Baptiste Debret, 1834-1839.

Habitação dos Apiacás sobre o Arinos, aquarela de Hércules Florence, 1828.

Atividades

1 Explique quem eram e como viviam os povos que ocupavam as terras que receberam o nome de Brasil.

_____
_____
_____
_____
_____
_____

2 Assinale as afirmativas verdadeiras.

◯ As terras que receberam o nome de Brasil foram ocupadas a partir de 1500.

◯ Antes da chegada dos portugueses, as terras já eram ocupadas.

◯ Conhecemos a história dos povos indígenas pelos relatos europeus e pelas pesquisas arqueológicas.

◯ Todas as aldeias viviam em paz.

◯ Os povos indígenas deixaram registros escritos contando sua história.

• Agora reescreva as afirmativas falsas, corrigindo-as.

_____
_____
_____
_____
_____

A cultura indígena

De forma geral, os povos que aqui viviam acreditavam em vários deuses. Esse é um exemplo de costume bem diferente dos costumes europeus, principalmente em relação aos cristãos, que acreditavam na existência de um único deus. O pajé era uma espécie de chefe religioso e de curandeiro da aldeia e, ainda hoje, entre os povos indígenas atuais, ele tem esses papéis.

Grande parte dos diversos povos indígenas tinha o hábito de dormir em redes, andava nu (ou quase nu) e enfeitava-se com penas coloridas, dentes de animais, sementes e pinturas feitas com tintas extraídas de vegetais. Eles confeccionavam diferentes tipos de ferramenta: arco, flecha, lança, tacape e zarabatana. Alimentavam-se de carne de animais que caçavam e de peixe, frutas silvestres, milho, mandioca e palmito, por exemplo.

As tarefas eram distribuídas entre os membros da aldeia. As mulheres cozinhavam, plantavam e cuidavam das crianças. Os homens caçavam, pescavam e defendiam a aldeia. As meninas aprendiam o trabalho da mãe, e os meninos, a manejar armas com o pai.

Muitos dos costumes indígenas foram preservados, como algumas canções, hábitos alimentares e crenças religiosas. Essa foto mostra avó e neto indígenas do povo Desano, no município de Manaus (AM), 2013.

O contato com os portugueses e, mais tarde, com outros povos não indígenas mudou os diversos estilos de vida desses povos. Hoje, por exemplo, em muitas comunidades, quando as populações indígenas têm terra para plantar, todos os membros da aldeia se envolvem com o plantio, e não mais só as mulheres, pois os homens perderam suas antigas funções de caçadores e protetores da aldeia. Porém ainda há alguns povos indígenas que mantêm hábitos tradicionais. Constroem suas casas como seus antepassados, confeccionam suas armas, alimentam-se da mesma forma.

Hoje, algumas populações indígenas que vivem em terras demarcadas e preservadas conseguem manter parte de seus hábitos.

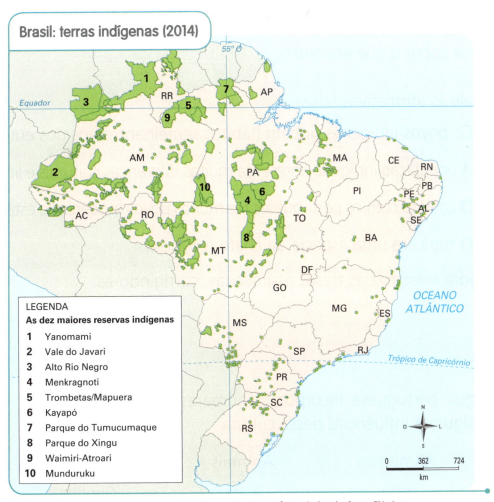

Elaborado com dados de: Sistema de Informações Georreferenciadas do Setor Elétrico.
Disponível em: <http://sigel.aneel.gov.br/sigel.html>. Acesso em: 20 nov. 2014.

Como podemos observar no mapa, a maior concentração das terras indígenas está na região Norte do país. Segundo o Instituto Brasileiro de Geografia e Estatística (IBGE), no censo de 2010, cerca de 818 mil brasileiros se identificaram como indígenas. Hoje, existem no Brasil 225 etnias indígenas que falam 180 línguas diferentes.

Atividades

1) Hoje, os povos indígenas enfrentam muitos problemas, como a invasão de suas terras, a transmissão de doenças por população não indígena e a desvalorização de sua cultura. Pesquise em livros, jornais ou revistas:

a) notícias sobre os problemas que os povos indígenas da atualidade enfrentam.

b) informações sobre um dos povos pertencentes ao tronco Tupi-Guarani.

○ Anote as principais informações em seu caderno e, em sala de aula, converse sobre o que encontrou.

2) Assinale as afirmativas falsas.

○ Os povos indígenas tinham hábitos semelhantes aos dos europeus.

○ A população indígena apresenta muitas diferenças culturais e linguísticas.

○ O contato com os portugueses fez muitos povos mudarem o estilo de vida.

○ O tupã era uma espécie de chefe religioso.

○ Agora reescreva as frases assinaladas, corrigindo-as.

....

....

3) A língua portuguesa incorporou inúmeras palavras de origem indígena. Veja algumas influências dessa cultura:

Alimentos	Animais	Nomes de lugares
caju	arara	Curitiba
mandioca	gambá	Niterói
maracujá	sabiá	Paraíba

○ No estado onde você mora, existem municípios cujos nomes são de origem indígena? Se a resposta for afirmativa, escreva o nome de alguns deles.

....

4 Observe o mapa abaixo.

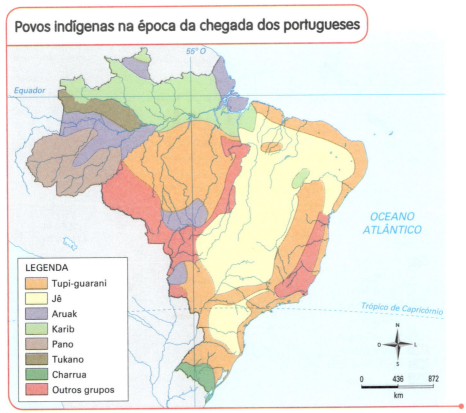

Atlas histórico básico, de José Jobson de A. Arruda. São Paulo: Ática, 2001. p. 35.

a) Agora responda: qual é o título do mapa? O que ele informa?

....

....

....

....

b) Quais povos indígenas ocupavam, naquela época, as terras correspondentes ao estado onde você mora?

....

....

....

....

5 Observe este mapa e, depois, responda às perguntas a seguir.

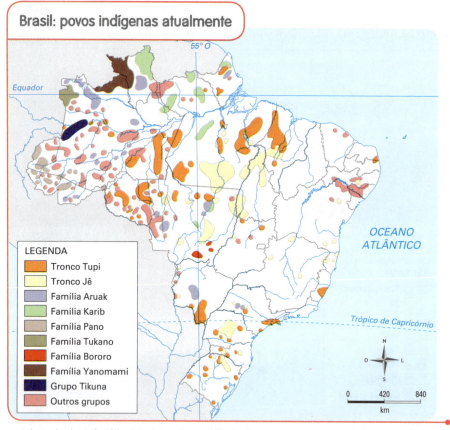

Adaptado de: **Atlas histórico: geral e Brasil**, de Cláudio Vicentino. São Paulo: Scipione, 2011. p. 27.

a) Qual é o título do mapa? O que ele informa?

....

....

....

b) Compare o mapa desta página com o mapa da página anterior e escreva as mudanças que você percebe.

....

....

....

c) Quanto tempo se passou entre as duas realidades representadas nos mapas?

....

Capítulo 7 – Os povos indígenas brasileiros

6 Observe os brinquedos a seguir:

Lagoa dos Gatos (PE), 2012.

São Paulo (SP), 2009.

El Nido (Filipinas), 2008.

Parque Indígena do Xingu (MT), 2011.

• Agora faça o que se pede.

a) Você conhece algum desses brinquedos? Identifique-os. Compartilhe com os colegas suas experiências com esses brinquedos.

b) Todos esses brinquedos são de origem indígena. Você imagina como eles também se tornaram parte das brincadeiras de crianças não indígenas?

Capítulo 8
A relação entre portugueses e indígenas

Quando os portugueses chegaram às terras que hoje são o Brasil, os diversos povos indígenas que aqui viviam tinham seus próprios costumes, suas línguas, seus modos de se organizar nas aldeias.

Eles mantinham uma relação próxima com a natureza, sabiam como evitar os perigos nas matas, como caçar e pescar e conheciam as plantas venenosas e as que serviam para a alimentação e para tratar as doenças e os ferimentos.

Os portugueses utilizaram esses conhecimentos indígenas para sobreviver na "nova terra". Assim, muitos dos costumes dos povos indígenas passaram a fazer parte do dia a dia dos colonizadores e permanecem no Brasil até os dias atuais.

Os bandeirantes eram homens que percorriam regiões até então desconhecidas dos europeus com os objetivos principais de aprisionar indígenas e de encontrar riquezas minerais. Ao longo do tempo, eles entraram em contato com diversos povos indígenas e utilizaram seus conhecimentos e objetos para sobreviver em suas andanças. **Pouso de Monção no Sertão Bruto**, óleo sobre tela de Aurélio Zimmerman.

Os jesuítas

Um dos objetivos dos portugueses nas novas terras era converter os povos à sua religião, ou seja, ao catolicismo. Assim que chegaram ao Brasil, uma das primeiras coisas que eles fizeram foi rezar uma missa.

Primeira missa no Brasil, óleo sobre tela de Victor Meirelles, 1860.

Os religiosos jesuítas vieram ao Brasil com os primeiros portugueses para convencer os povos indígenas a abandonar sua religião e adotar o catolicismo – algo que depois seria feito também com os africanos. Apesar das ameaças, muitos indígenas e africanos conseguiram preservar algumas de suas crenças misturadas às da religião cristã.

Para diminuir a resistência dos indígenas, os jesuítas criavam aldeamentos, chamados de **missões**, para afastar os povos de sua comunidade e lhes transmitir a cultura e a educação europeias. Às vezes, as missões agiam de forma autoritária e violenta. Por isso, muitas foram ineficientes.

Alguns missionários, como o padre Manuel da Nóbrega, não concordavam com as transformações radicais e súbitas nos costumes dos povos indígenas. Ao contrário dos outros, eles propunham uma aproximação com os indígenas, levando-os para perto das vilas a fim de facilitar a evangelização.

A influência da cultura indígena

A cultura brasileira foi e ainda é influenciada por muitas outras culturas, entre elas a indígena.

Você estudou que várias palavras que usamos hoje se originaram de termos de línguas indígenas. Leia o texto a seguir com o professor para conhecer mais sobre o assunto.

O tupi foi a língua que exerceu maior influência no português falado no Brasil, com a incorporação de uma série de palavras, principalmente para nomear a fauna, a flora e os lugares. Segundo estudiosos da língua, se tomarmos uma amostra de mil nomes de aves, cerca de 350 são palavras tupis. Numa lista de 550 nomes de peixes, metade tem a mesma origem tupi. Isso mostra que o contato cultural não destruiu imediatamente a cultura indígena e que uma forma de resistência se deu pela permanência e dominância da língua tupi durante muitos séculos. Conhecer esses nomes também ajuda a saber o que é de origem brasileira, por exemplo, nas denominações de plantas e animais.

Ao observarmos o mapa do Brasil, podemos identificar muitos nomes de estados e capitais que se originaram do tupi.

Aprendendo História e Geografia, de César Coll e Ana Teberosky. São Paulo: Ática, 2000. (Texto adaptado).

No Museu da Língua Portuguesa os visitantes conhecem as contribuições de diversas línguas indígenas. São Paulo (SP), 2006.

Atividades

1) Pesquise com um colega quais grupos indígenas vivem atualmente no estado onde vocês moram. Descubram as seguintes informações: quais são as aldeias, qual é o número da população, como ela vive, se nas aldeias há escolas, entre outros dados que você achar interessantes.

   o Registrem abaixo o resultado da pesquisa.

   ....
   ....
   ....
   ....
   ....
   ....
   ....
   ....

2) Procure descobrir se no estado onde você mora existem municípios cujo nome é de origem indígena. Se houver, dê exemplos.

   ....
   ....
   ....

3) Pesquise, na internet, em livros e outras fontes, algumas heranças da cultura indígena e depois:

   a) traga as informações que você conseguir para a sala de aula;

   b) crie, com seus colegas, um painel com o título "Influências da cultura indígena em nossos hábitos".

Ideias em ação

Aprendendo a fabricar tecido

Atualmente poucas pessoas costuram suas roupas, não é? E fabricar o tecido, você conhece alguém que saiba fazer isso?

Muitas sociedades tradicionais produzem seus tecidos usando diferentes técnicas. A forma como os tecidos são produzidos e sua combinação de cores são, para muitos povos, um elemento de suas culturas – eles são reconhecidos pelos tecidos que fabricam.

Tecido confeccionado em comunidade Kalapalo, no Parque Indígena do Xingu (MT), 2011.

Material necessário

- uma caixa de papel bem resistente
- fios de algodão com as cores desejadas
- pente
- rolos internos de papel higiênico

Como fazer

1. Retire a tampa da caixa e, se necessário, reforce as laterais para que a caixa fique mais resistente. Enrole o fio em torno da caixa como indicado na ilustração.

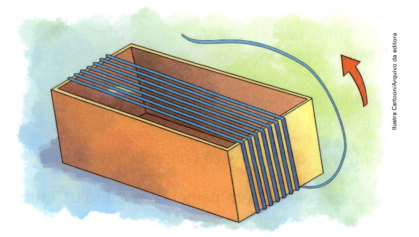

2. Enrole os fios coloridos nos rolos de papel higiênico.

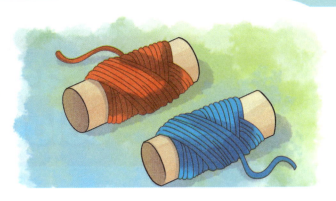

3. Passe o fio pela trama enrolada na caixa. Atenção: alterne a passagem do fio por baixo e, em seguida, por cima de cada fio da trama.

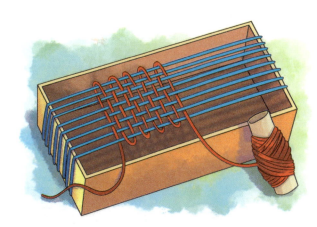

4. A cada duas ou três passadas de fio, empurre os fios com o pente. Você também pode mudar a cor do fio para formar desenhos coloridos.

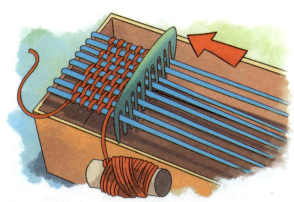

5. Para avançar, desloque cuidadosamente a trama pela lateral da caixa de forma a ter espaço para traçar o fio.

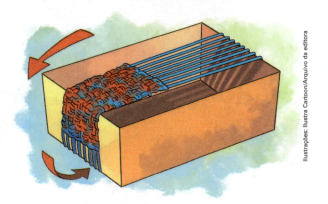

Atividade adaptada de: **Méga Expériences**. Paris: Nathan, 1995. p. 176-177.

O que você achou da experiência? Compartilhe suas descobertas com os colegas.

UNIDADE 3
Brasil: a ocupação colonial portuguesa

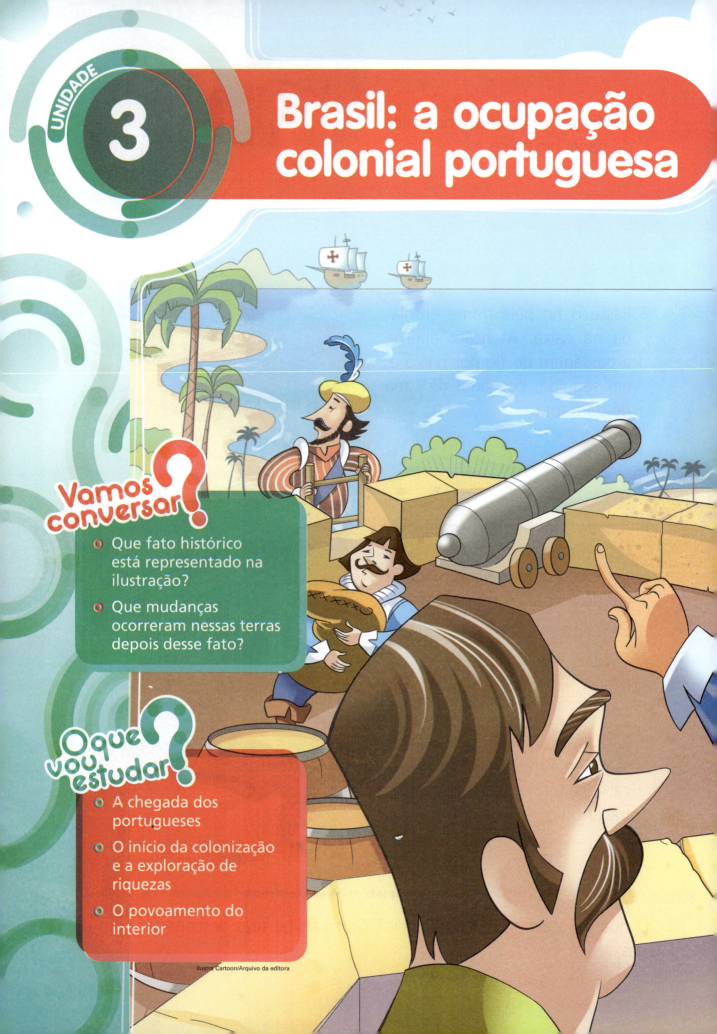

Vamos conversar?

- Que fato histórico está representado na ilustração?
- Que mudanças ocorreram nessas terras depois desse fato?

O que vou estudar?

- A chegada dos portugueses
- O início da colonização e a exploração de riquezas
- O povoamento do interior

Ilustra Cartoon/Arquivo da editora

A chegada dos portugueses

Em 1500 a frota portuguesa comandada por Pedro Álvares Cabral partiu de Lisboa e chegou à América.

Esse foi o primeiro encontro entre portugueses e indígenas, episódio que foi narrado pelo português Pero Vaz de Caminha em uma carta enviada ao então rei de Portugal, dom Manuel I.

Carta de Pero Vaz de Caminha ao rei dom Manuel I

Senhor,

Eu sei que o capitão-mor e que os outros capitães de nossa frota escreverão a Vossa Alteza contando sobre o descobrimento da nova terra. Mesmo assim, também escrevo. Da melhor maneira que posso. Porém, sabendo que o farei bem pior do que todos os outros. Que a minha incompetência seja vista como boa vontade!

Acredite, Vossa Majestade, que tentarei ao máximo não aumentar ou diminuir nada. Apenas contar aquilo que vi, o que já não será pouco!

[...]

A partida de Belém foi no dia 9 de março, uma segunda-feira. No domingo, dia 22 do mesmo mês, por volta das dez horas, já estávamos próximos das ilhas de Cabo Verde e de São Nicolau.

[...]

Seguíamos sobre as vontades do mar, até o dia – para ser mais exato, 21 de abril, uma terça-feira – em que apareceram flutuando sobre a água folhas de botelho, aquela erva comprida, também chamada de rabo-de-asno.

Sinal de terra por perto!

Em seguida, avistamos um monte grande, alto e arredondado. Não demorou muito para vermos também terra plana e com grandes árvores.

Ao que era monte, nosso capitão chamou de monte Paschoal. À terra, ele deu o nome de Terra de Vera Cruz. Só depois de batizar o monte e a terra o capitão mandou baixar âncoras. Ancoramos. E ancorados passamos aquela noite.

Na manhã seguinte nos aproximamos da terra. E vimos na praia sete ou oito homens. Pele quase vermelha. Totalmente nus. Cabelos lisos e cortados em cima das orelhas. Tinham a cabeça enfeitada por belos cocares de penas coloridas. E nada para lhes cobrir as vergonhas. Todos traziam nas mãos grandes arcos de madeira escura e flechas de bambu. Pareciam tão saudáveis quanto inocentes. A maioria tinha o lábio inferior furado por um pedaço de osso.

O primeiro dos nossos homens a ser mandado a terra foi Nicolau Coelho. Assim que ele desembarcou na praia, apareceram outros homens. Muitos. Quase vinte. Também armados com seus arcos e flechas.

O mar fazia muito barulho, mas mesmo assim Nicolau tentou falar com eles. Não teve resposta. Eles não entendiam português. Mas compreenderam a linguagem dos gestos. Nicolau pediu com gestos para que abaixassem as armas. Os homens o atenderam. Nicolau Coelho ofereceu a eles o seu barrete frígio, o gorro vermelho que trazia na cabeça. Os homens aceitaram. E deram a ele um de seus cocares de penas coloridas. Com essa troca de presentes terminou o primeiro contato entre os nativos e os portugueses.

Naquela noite choveu muito. Só na manhã seguinte o capitão mandou alguns de nós de volta à terra para procurar água doce, lenha e um porto seguro, onde pudéssemos ancorar para explorarmos a região.

Não demorou para encontrarmos um recife formado por rochedos muito fortes e com uma entrada larga o suficiente para passarem nossos navios. Sem dúvida, este seria um porto seguro! Lá ancoramos.

A carta de Pero Vaz de Caminha (para crianças), de Toni Brandão. São Paulo: Studio Nobel, 1999.

A importância da carta de Caminha

A carta de Pero Vaz de Caminha é um documento muito importante. Ela contém o primeiro relato sobre as terras posteriormente ocupadas pelos portugueses, que seriam chamadas de "Brasil".

Devemos ler essa carta sempre levando em conta quem a escreveu, por que foi escrita e para quem foi escrita.

Por exemplo, com base no que Caminha contou na carta, o governo português começou a planejar o que faria em relação às novas terras descobertas. Por isso, o escrivão se preocupou em descrever a vegetação e os nativos da região, pois queria encontrar coisas que pudessem ser retiradas dali a fim de gerar riquezas para a Coroa portuguesa.

1 Segundo a carta de Pero Vaz de Caminha, os portugueses estranharam os modos das pessoas que encontraram.

- Explique por que eles estranharam.

_____
_____
_____

2 Imagine os portugueses, com suas roupas pesadas, encontrando habitantes completamente nus, cobertos apenas com colares e cocares. Eram duas culturas com costumes e modos de viver diferentes.

- Como devem ter se sentido os habitantes dessa terra ao ver os portugueses?

_____
_____
_____

3 Leia novamente a carta de Pero Vaz de Caminha e escreva, com suas palavras, o que ele contou ao rei sobre os habitantes da terra.

_____
_____
_____
_____
_____
_____
_____

Capítulo 10 — As expedições e as riquezas da nova terra

Você sabe qual foi a primeira riqueza explorada pelos portugueses na América? E quem eram as pessoas que extraíam esse material?

Para responder a essas perguntas, observe o mapa abaixo, que representa o território encontrado pelos portugueses.

Mapa conhecido como **Terra Brasilis**, de autoria de Lopo Homem, Pedro Reinel e Jorge Reinel, datado de cerca de 1519.

Nos primeiros trinta anos após a chegada dos portugueses, não houve grande interesse por parte de Portugal pelas terras brasileiras.

Foram enviadas somente expedições para fazer o reconhecimento da terra e verificar se existiam riquezas. Encontraram o pau-brasil, primeiro produto extraído da terra.

O pau-brasil

Além de Portugal, que reservou para si a exclusividade da exploração, outros países também tinham interesse em comercializar a madeira.

O rei de Portugal enviou então outras expedições para proteger o litoral dos invasores em busca do pau-brasil.

> O famoso pau-brasil também era encontrado na Índia. Seu tronco tinha um lenho (miolo) que servia para fabricar um corante vermelho exportado para as manufaturas de tecidos em Flandres (região da Holanda e da Bélgica). A madeira era ótima para móveis. E seu preço, alto na Europa.
>
> Você já viu o pau-brasil? A maioria dos brasileiros não. Assim começou a presença europeia no Brasil: com **devastação ecológica**.
>
> **Nova História crítica do Brasil: 500 anos de História mal contada**, de Mário Furley Schmidt. São Paulo: Nova Geração, 1999.

Desmatamento de uma floresta, gravura de Johann Moritz Rugendas. Apesar de algumas leis portuguesas limitarem a extração de madeira, os colonos foram implacáveis na destruição das florestas, como mostra essa obra do século XIX.

O pau-brasil e o desmatamento

A natureza brasileira é muito rica. Tanto que quase toda a exploração colonial no Brasil relacionou-se com a extração ou o plantio de espécies vegetais.

Como vimos, a primeira atividade econômica da colônia foi a extração do pau-brasil. A coleta de pau-brasil trouxe problemas para a flora brasileira, especialmente para a mata Atlântica, onde essa planta ocorre originalmente.

Além da extração de pau-brasil, a mata Atlântica sofreu e ainda sofre com o desmatamento por vários outros motivos: construção de cidades, represas, barragens e estradas; estabelecimento de pastos e plantações; extração de espécies vegetais e caça de espécies animais; entre outros motivos.

Ainda hoje a madeira de pau-brasil é extraída. Não mais para produção de tinturas, como antigamente, mas sim para a produção de arcos de certos instrumentos musicais, como o violino. Rio de Janeiro (RJ), 2010.

Vamos conhecer um pouco a mata Atlântica?

A mata Atlântica é a segunda maior extensão original de florestas tropicais do Brasil. Na época do descobrimento, era 1,3 milhão de quilômetros ao longo da costa brasileira, cerca de 15% do território. Em seu trecho mais largo, media 500 quilômetros. A mata Atlântica começou a mudar de perfil com o início da extração do pau-brasil pelos portugueses. Esse comércio foi responsável pelo desaparecimento de 6 mil quilômetros quadrados de floresta. Para que os índios derrubassem as árvores mais rapidamente, os portugueses os pagavam com facas e machados de aço. Devastada pelos sucessivos ciclos do pau-brasil, do ouro e das pedras preciosas, da cana-de-açúcar e do café, a floresta sofreu ainda mais com a industrialização do Sul e do Sudeste. Tanto que hoje a mata Atlântica tem apenas 91 mil quilômetros quadrados, 7% da área original.

O guia dos curiosos: Brasil, de Marcelo Duarte. São Paulo: Companhia das Letras, 1999. p. 317-318. (Texto adaptado).

Veja como era a mata Atlântica antes da chegada dos portugueses e como ela é hoje:

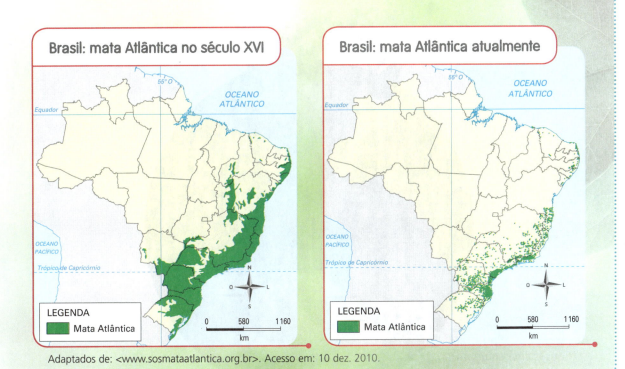

Adaptados de: <www.sosmataatlantica.org.br>. Acesso em: 10 dez. 2010.

Consequências da exploração do pau-brasil

Atualmente há poucos exemplares do pau-brasil em nosso país. Conheça mais informações a respeito da exploração desse importante recurso vegetal.

Na época da chegada dos portugueses às nossas terras, o pau-brasil foi o principal produto de exportação. Calcula-se que em três séculos os portugueses abateram 70 milhões de árvores, 187 mil por ano, 511 por dia. Nobreza e indústria têxtil disputavam seu vermelho intenso, a brasileína, corante de qualidade superior aos de origem animal.

A madeira do pau-brasil é nobre, pesada e dura, sendo hoje usada principalmente na confecção de arcos de violino. Na copa enorme nascem flores amarelas perfumadas. A espécie se reproduz por sementes, atiradas longe quando os frutos maduros explodem.

Conhecido também como ibirapitanga, pau-de-pernambuco, pau-rosado, arabutã e brasileto, o pau-brasil crescia do litoral do Rio de Janeiro até o Rio Grande do Norte. A exploração quase o exterminou. Hoje é encontrado na Bahia, Espírito Santo e Rio de Janeiro.

Almanaque Brasil de cultura popular. São Paulo: Elifas Andreato Comunicação Visual, n. 33, dez. 2001. (Texto adaptado).

Pau-brasil (*Caesalpinia echinata*).

Atividades

1 Qual era o objetivo das expedições que vieram para o Brasil depois de Cabral? Quem os portugueses obrigaram a trabalhar para eles?

....

....

2 O que fizeram os portugueses para ganhar dinheiro com as terras conquistadas, isto é, qual foi sua primeira atividade econômica no local?

....

....

3 Os indígenas cortavam a madeira do pau-brasil e a entregavam aos portugueses em troca de objetos. Em sua opinião, os indígenas eram enganados? Por quê?

....

....

....

....

4 Escreva o nome de algumas atividades econômicas desenvolvidas hoje no Brasil.

....

5 Descreva, com suas palavras, o sentido da seguinte frase: "O Brasil se tornou uma colônia de Portugal". Antes de responder, converse com os colegas e recorde qual é o significado de **colônia**.

....

....

Capítulo 11 — A cana-de-açúcar

Quando a colonização da América começou, alguns portugueses escolhidos pelo rei receberam lotes de terra para iniciar o cultivo da **cana-de-açúcar**.

O plantio começou em São Vicente, mas foi no nordeste que a cana-de-açúcar mais se desenvolveu, pois nessa região havia as condições naturais ideais para seu cultivo, como o clima tropical (quente e úmido) e o solo popularmente conhecido como massapê (terra fértil, argilosa e de cor escura).

Nessa época, o nordeste se tornou a principal região açucareira do Brasil, principalmente Pernambuco.

Cana, afresco de Candido Portinari, 1938. Essa obra retrata a participação de negros escravizados como principal mão de obra na cultura da cana-de-açúcar.

Nos engenhos, os negros escravizados trabalhavam em péssimas condições. Inconformados com essa situação, muitos tentavam fugir para serem livres. Os que conseguiam formavam comunidades denominadas **quilombos**, em geral em meio a florestas e matas.

Os mapas a seguir mostram a expansão da cultura de cana-de-açúcar no período colonial.

Adaptado de: **Atlas histórico escolar**, de Manoel Maurício de Albuquerque e outros. 7. ed. Rio de Janeiro: Fename, 1977. p. 18.

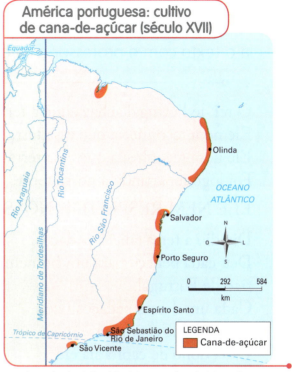

Adaptado de: **Atlas histórico escolar**, de Manoel Maurício de Albuquerque e outros. 7. ed. Rio de Janeiro: Fename, 1977. p. 24.

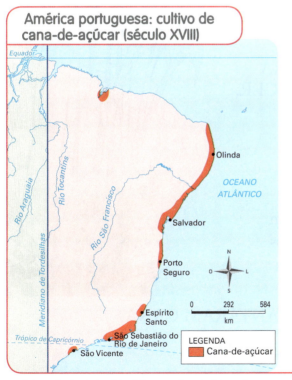

Adaptado de: **Atlas histórico escolar**, de Manoel Maurício de Albuquerque e outros. 7. ed. Rio de Janeiro: Fename, 1977. p. 28.

A produção do açúcar dominou a economia brasileira por mais de cem anos (entre os séculos XVI e XVII). Com a descoberta de ouro e diamante no interior da colônia, a cultura da cana-de-açúcar, já em decadência, perdeu importância na economia colonial.

O açúcar produzido por Portugal enfrentava, nesse período, forte concorrência por causa da produção de açúcar de outras nações europeias em suas colônias de clima tropical.

1 Leia o texto com o professor e os colegas.

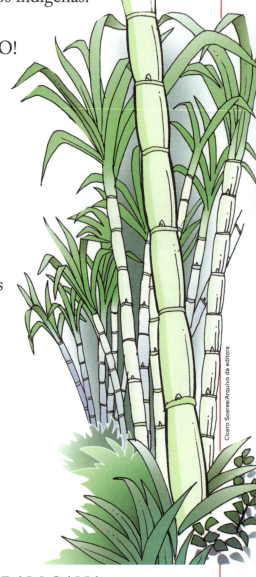

O rei de Portugal achava que a terra era dele.
Ele nem reconhecia que essa terra tinha dono.
Ele nem reconhecia que essa terra era dos povos indígenas.
Foi logo repartindo a nossa terra.

ELE NEM RESPEITOU NOSSO DIREITO!

Dividiu a terra em 15 pedaços.
Deu cada pedaço para um homem rico de Portugal.
Cada um desses pedaços ficou chamado de capitania.
Cada dono de capitania era como um governador.
Ele tinha que mandar fazer derrubada.
Tinha que mandar fazer plantação.
Tinha que cuidar da terra para outros governos não tomarem de Portugal. [...]

OS PORTUGUESES VINHAM PARA O BRASIL PENSANDO ENRIQUECER.

Os portugueses só pensavam num jeito de ficar mais ricos!
A terra da Europa não dá cana.
A nossa terra era boa para plantar cana.

Então, os donos das capitanias ocuparam as terras dos índios, expulsaram os índios de suas terras e começaram a derrubar todas as matas dos índios...

OS DONOS DAS CAPITANIAS PLANTARAM CANA.

MUITA CANA NAS TERRAS DOS ÍNDIOS.

História dos povos indígenas: 500 anos de luta no Brasil, de Eunice Dias de Paula e outros. 7. ed. Petrópolis: Vozes, 2001. p. 108 e 114.

2 Agora, responda às questões com base no texto da página anterior.

a) A quem pertenciam, por direito, as terras? Você concorda com isso? Por quê?

_____

_____

_____

b) "Foi logo repartindo a nossa terra." Quem disse isso? E quem executou essa ação? Em quantos pedaços a terra foi repartida?

_____

_____

c) "Os portugueses vinham para o Brasil pensando enriquecer." O que você pensa sobre isso?

_____

_____

_____

d) Por que o rei de Portugal mandou plantar cana-de-açúcar nas terras descobertas? Releia o texto e explique com suas palavras.

_____

_____

_____

_____

e) Onde a cana-de-açúcar se desenvolveu melhor?

_____

f) Que motivos contribuíram para o desenvolvimento da cana-de-açúcar no nordeste?

_____

_____

O tema é...
Questões do campo brasileiro

- O que Chico Bento quis dizer com "árvore de esperança"?
- Que fenômeno está representado no quadrinho? É algo recente em nosso país? O que o causa?

Morte e vida severina é um livro de João Cabral de Melo Neto que conta a história de Severino, um agricultor que deixa seu lugar de origem e parte para Recife, fugindo da pobreza no campo. A história foi transformada em desenho animado – a imagem mostra o momento em que ele chega a um grande canavial e finalmente conhece um rio caudaloso.

- Severino se encanta com o canavial e os rios que nunca secam. Que característica negativa da cultura canavieira você mostraria a ele?
- Você costuma visitar lugares no campo? Já avistou algum elemento da paisagem que chamou muita sua atenção?

Ao longo de nossa história, desenvolvemos formas de cultivar diversos tipos de solo. Para isso corrigimos a falta de água e de nutrientes, por exemplo.

- Qual a diferença entre as duas propriedades?
- Por que em uma delas há árvores frutíferas e outros cultivos enquanto na outra a agricultura é mais difícil de ser praticada?
- O que significa "a seca respeita cerca e cancela"?

Capítulo 12 — Os fortes portugueses

Durante o período colonial, os portugueses construíram muitos fortes pelas áreas ocupadas. Eles tinham diversas funções: eram usados para proteção dos territórios conquistados, e também eram locais seguros para o pouso de grupos a caminho do interior da colônia.

Grande parte dos fortes foi construída no litoral com o intuito de defender as áreas colonizadas da ocupação estrangeira. No entanto, encontramos também diversos fortes ao longo dos rios amazônicos.

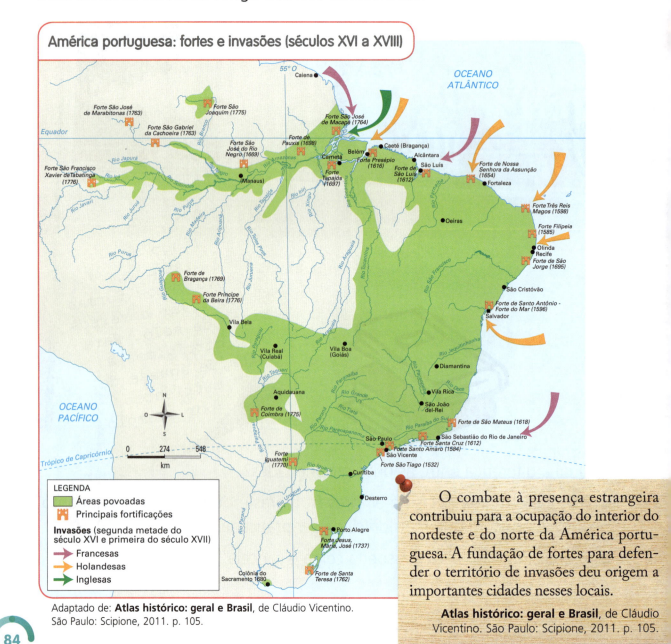

Adaptado de: **Atlas histórico: geral e Brasil**, de Cláudio Vicentino. São Paulo: Scipione, 2011. p. 105.

O combate à presença estrangeira contribuiu para a ocupação do interior do nordeste e do norte da América portuguesa. A fundação de fortes para defender o território de invasões deu origem a importantes cidades nesses locais.

Atlas histórico: geral e Brasil, de Cláudio Vicentino. São Paulo: Scipione, 2011. p. 105.

- As imagens abaixo mostram fortes construídos por portugueses no período colonial. Observe-as.

Forte Três Reis Magos, em Natal (RN), 2014.

Forte São José de Macapá, em Macapá (AP), 2012.

Agora, faça o que se pede.

a) Localize esses fortes no mapa da página anterior. Eles estão localizados em uma posição importante para a defesa? Justifique sua resposta.

....
....
....

b) Pesquise a respeito desses fortes e responda: como eles contribuíram para o desenvolvimento das cidades de Natal e Macapá?

....
....
....

Capítulo 13 — Novas riquezas e o povoamento do interior

A mineração

Nos dois primeiros séculos de colonização, os portugueses só exploraram as terras litorâneas, não se preocupando em desbravar o interior do território ou com o desgaste das terras por causa do excesso de uso. As áreas desgastadas pela exploração agrícola eram simplesmente abandonadas.

Com a decadência da produção açucareira, o governo português passou a incentivar os colonos a desbravar o interior (habitado pelos povos indígenas) em busca de metais preciosos. Surgiu, assim, no século XVIII, uma nova riqueza: o ouro.

De 1700 a 1800 o ouro tornou-se o principal produto econômico da colônia portuguesa na América.

Lavagem de ouro em Itacolomi (detalhe), litogravura de Johann Moritz Rugendas, 1827.

Principal produto econômico

O ouro e as pedras preciosas foram descobertos primeiro em Minas Gerais, depois em Goiás e em Mato Grosso.

Nesse período, formaram-se cidades que foram muito importantes para a mineração, como Ouro Preto, Sabará e Mariana.

A notícia da descoberta de minas de ouro e diamante espalhou-se rapidamente pelas áreas coloniais, atraindo um grande número de pessoas.

Em poucas décadas vilas e cidades das chamadas minas gerais receberam muitos migrantes.

A mineração foi tão importante para os portugueses que, no ano de 1763, se transferiu a capital da colônia de Salvador para o Rio de Janeiro, cidade na qual ficava o principal porto de onde se enviava o ouro para Portugal.

Saiba mais

A vida nas regiões de mineração

[...] A notícia da descoberta do ouro se espalhou. Pessoas de todas as idades se deslocaram para as áreas de mineração. O ouro parecia um ímã que atraía gente até da Europa.

Pequenos povoados cresceram, prosperaram com a riqueza do ouro e se tornaram vilas com ruas de pedras, casas de belas fachadas, armazéns, edifícios públicos, teatros e igrejas com altares folheados a ouro.

Nas vilas de Minas Gerais, como Vila Rica, Sabará e Mariana, as pessoas trabalhavam principalmente na mineração e no comércio. Ali também viviam funcionários públicos, soldados, ferreiros, fabricantes de sela, alfaiates, dançarinas, cantores e atores de teatro, os que faziam jornais. Ninguém plantava ou criava animais. Todo alimento vinha do sul, sudeste e nordeste. Um boi custava seu peso em ouro. Os comerciantes de mantimentos enriqueceram tanto quanto os que tiveram a sorte de achar ouro.

Cidades brasileiras: do passado ao presente, de Rosicler Martins Rodrigues. São Paulo: Moderna, 2003.

Os bandeirantes

A exploração do ouro pelos portugueses foi possível graças ao trabalho dos **bandeirantes** paulistas. Eles partiam em expedições, denominadas bandeiras, e adentravam o interior da colônia com o objetivo de encontrar riquezas minerais e aprisionar indígenas para trabalhos forçados.

O mapa mostra o trajeto das principais bandeiras.

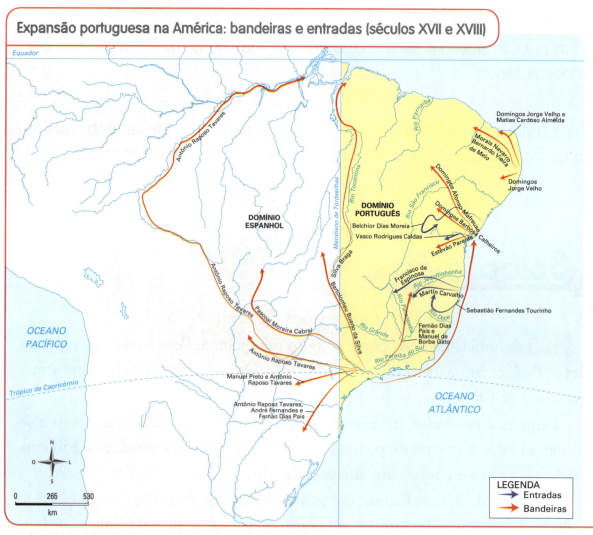

Adaptado de: **Atlas histórico: geral e Brasil**, de Cláudio Vicentino. São Paulo: Scipione, 2011. p. 101.

Os bandeirantes são vistos, muitas vezes, como os heróis responsáveis pelo povoamento do interior do Brasil, mas também como os vilões que provocaram a morte de muitos indígenas.

Eles ajudaram a expandir o território brasileiro, pois sem a sua contribuição provavelmente Portugal teria perdido muitos locais que a Espanha pretendia ocupar. Porém, foram muito violentos com os indígenas e levaram à morte aldeias inteiras para se apossar de territórios.

Os primeiros povoados

Você imagina como era a vida dos primeiros portugueses que se estabeleceram no Brasil?

Leia um pouco sobre isso no texto a seguir:

> Cada nobre que se mudou para cá trouxe a família, lavradores, ferreiros, marceneiros, pedreiros, padeiros, barbeiros, vendeiros. Um padre acompanhava a comitiva.
>
> Foi intenso e corajoso o trabalho desses imigrantes. Com a ajuda dos indígenas, derrubaram áreas da mata para construir casas, estábulos, galinheiros, chiqueiros. Fizeram hortas de legumes e verduras que estavam acostumados a comer.
>
> Assim começaram a nascer os primeiros povoados no litoral do Brasil. Eram lugarejos de ruas de terra, com casas de taipa: nada mais que paus amarrados com cipó formando uma armação sobre a qual jogavam barro. A cobertura era de telha ou de palha. Uma pequena igreja completava a paisagem.
>
> **Cidades brasileiras: do passado ao presente**, de Rosicler Martins Rodrigues. São Paulo: Moderna, 2003.

Capela feita de taipa, em Mariana (MG), 2011.

A ocupação do interior

Conheça como surgiram os primeiros povoados em todo o Brasil.

No nordeste o povoamento seguiu a trilha do gado. Conta a história que tudo começou com um touro e quatro vacas que foram trazidos de Portugal. Estes animais procriaram e acabaram originando rebanhos que foram levados para o sertão. Onde os rebanhos cresciam, nascia um povoado de boiadeiros e comerciantes de carne e de couro.

No sul do Brasil, os povoados nasceram na trilha do gado, dos burros, das mulas e dos cavalos. Na época da mineração estes animais eram levados pelos tropeiros para serem vendidos nas Minas Gerais. O gado era vendido para alimentação, e as mulas, os burros e cavalos, para transporte de mercadorias.

O povoamento do Brasil deve muito a esses tropeiros. No caminho das tropas, onde elas paravam para descansar eram construídos albergues, um mercado de troca de mercadorias e casas de comércio. [E, assim, ali] Começava a nascer um povoado.

O povoamento da região norte do Brasil se deu lentamente devido à vastidão da floresta Amazônica. A trilha do povoamento seguiu os rios, por onde os aventureiros navegavam em busca de ouro, tabaco e pimentas. Para evitar a entrada de estrangeiros, os portugueses construíram fortes ao longo dos rios. Ao redor de alguns deles nasceram povoados.

Cidades brasileiras: do passado ao presente, de Rosicler Martins Rodrigues. São Paulo: Moderna, 2003.

Os caminhos do gado e a formação de cidades

Na região nordeste, havia, no período colonial, dois eixos de expansão da atividade de criação de gado. Um partia de Olinda, o outro, de Salvador.

No mapa ao lado estão representadas as principais rotas de interiorização da pecuária.

Em Olinda e Salvador ficavam os principais locais de venda do gado, por isso muitas tropas de bois saíam das áreas de criação em direção a essas cidades. No caminho, havia diversos lugares para pouso e descanso. Muitos desses lugares se transformaram em vilas e, mais tarde, em cidades.

Ceará: a civilização do couro, de Cândido Couto Filho. Fortaleza: Edição do autor, 2000. p. 26.

Igreja em Icó (CE), 2010. O crescimento da cidade está relacionado à pecuária; ali funcionava um centro de comércio de gado.

Atividades

1) Numere os fatos na ordem em que ocorreram.

○ As pessoas passaram a trabalhar na mineração e no comércio.

○ As pessoas se deslocaram para as áreas de mineração.

○ Com a riqueza do ouro, pequenos povoados cresceram e se tornaram vilas.

○ A notícia da descoberta do ouro se espalhou.

○ Os comerciantes de mantimentos enriqueceram porque, nas áreas de mineração, ninguém plantava ou criava animais.

2) Assinale as alternativas corretas e reescreva as que estiverem erradas, corrigindo-as.

a) ○ O litoral foi colonizado por causa da cultura da cana-de-açúcar.

b) ○ O ouro foi descoberto em nosso território pelos bandeirantes.

c) ○ Os portugueses exploraram primeiramente o interior da colônia.

d) ○ Em 1763, a capital da colônia foi transferida do Rio de Janeiro para Salvador.

_____
_____
_____

3) Pesquise, na internet, em livros, revistas e outras fontes, o nome de alguns bandeirantes ou expedições bandeirantes importantes para a ocupação portuguesa. Tente encontrar também textos que mostrem o ponto de vista dos indígenas sobre a ação dos bandeirantes.

a) Traga o material encontrado na pesquisa para a sala de aula.

b) Crie, com os colegas, um painel com o título "Os efeitos positivos e os negativos das expedições bandeirantes".

Ideias em ação

Construindo um periscópio

Muitas invenções estão relacionadas à conquista de novas terras pelos europeus. Como você estudou, as caravelas possibilitaram aos europeus conquistar colônias em todo o mundo – foi assim que os portugueses chegaram à América.

Agora vamos conhecer um dos principais equipamentos de outra invenção ligada à navegação e à conquista de territórios: o periscópio, que é parte dos submarinos.

Esse desenho de um submarino foi elaborado por William Bourne, em 1578. Ele nunca foi construído – apenas no século XVIII seriam construídos os primeiros submarinos.

Material necessário

- dois espelhos pequenos idênticos
- papel-cartão (se possível, reaproveitar embalagens)
- tesoura sem pontas
- cola
- régua
- lápis
- fita adesiva

Como fazer

1. Peça para o professor colar um espelho no canto do papel. Trace dois retângulos com a mesma largura do espelho, como indicado na ilustração ao lado. Corte o papel em volta dos retângulos sem dividi-los. Repita o mesmo com o outro espelho.

   Atenção: muito **cuidado ao manipular o espelho**, observe bem se não há nenhum canto que possa machucar sua mão!

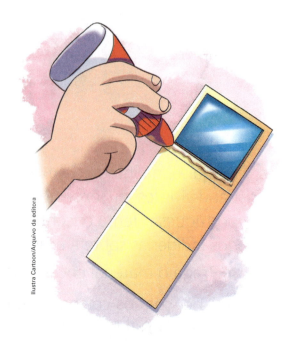

2. Dobre o papel na marca entre os retângulos. Com a fita adesiva, prenda as pontas dos retângulos de forma que o espelho fique inclinado.

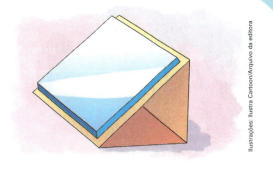

3. Trace os contornos do periscópio como indicado na figura ao lado. Cada retângulo deve ter a mesma largura do espelho. O comprimento deve ser de cerca de 50 centímetros. Recorte a janela de cada lado do tubo. Feche o tubo com a fita adesiva.

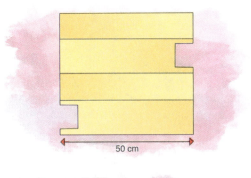

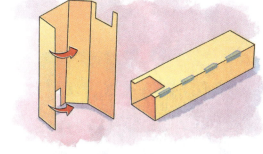

4. Fixe os dois suportes com os espelhos no tubo – o espelho deve ficar virado para a janela.

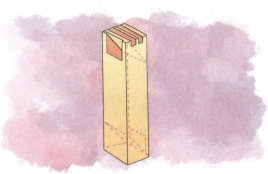

5. Esconda-se atrás de uma parede ou outro obstáculo e deixe apenas a parte superior do periscópio à vista. Você consegue ver o que se passa do outro lado?

Para não serem detectados, os submarinos permanecem escondidos sob a água. Para observar discretamente a superfície do mar, eles elevam o periscópio, que pode girar completamente a 360°.

Atividade adaptada de: **Méga Expériences**. Paris: Nathan, 1995. p. 76-77.

UNIDADE 4
Trabalho escravo e imigração

Vamos conversar?
- Que manifestações culturais estão representadas na ilustração?
- Você conhece manifestações culturais trazidas por povos de outros continentes?

O que vou estudar?
- O trabalho escravo
- A contribuição africana para a identidade brasileira
- O período regencial
- Imigração europeia no século XIX

Capítulo 14 — A escravização dos africanos

Desde o começo da colonização, os portugueses já traziam para a colônia africanos para trabalhar como escravos nos engenhos de cana. A população africana escravizada também foi levada às regiões das minas para trabalhar na extração de ouro e diamante.

Ao longo do século XIX houve um grande crescimento econômico com a expansão do cultivo de café no Rio de Janeiro e em São Paulo. A mão de obra escrava passou a ser usada para o trabalho nos cafezais.

Em 1850, quando foi proibido o comércio de africanos para o Brasil, muitos fazendeiros passaram então a comprar pessoas escravizadas de outras regiões do Brasil.

Colheita de café na Tijuca, litografia colorida à mão de Johann Moritz Rugendas, século XIX.

A travessia do Atlântico

Muitas famílias de Portugal e da África participaram do comércio de africanos escravizados. Em diversos portos ao longo da costa africana, pessoas escravizadas, em geral por grupos étnicos rivais, eram vendidas a comerciantes portugueses.

Elas eram trazidas para o Brasil e desembarcavam principalmente no porto do Rio de Janeiro ou de Salvador. Lá mesmo, vendiam-nas a colonos e as levavam à força para o local de trabalho.

O trajeto de navio pelo oceano Atlântico era realizado em péssimas condições e muitos não resistiram à viagem.

Pessoas de todas as idades eram obrigadas a embarcar nos navios negreiros. As más condições dos navios facilitavam a propagação de doenças, o que causou muitas mortes.

O comércio de pessoas escravizadas enriqueceu muitos comerciantes portugueses e também diversos africanos que viviam da venda dessas pessoas.

Negros no fundo do porão [O navio negreiro], litografia colorida à mão de Johann Moritz Rugendas, século XIX.

● O cotidiano da escravidão

Leia o texto a seguir e conheça um pouco da história dos negros escravizados contada pelo avô de um menino chamado Chico.

"[…] houve um tempo no Brasil em que alguns homens eram donos de outros homens, e estes, por isso, eram chamados de escravos."

"Mas como uma pessoa comprava outra?", perguntou o Chico. "Ia até a loja e as pessoas estavam lá para serem vendidas? E as crianças, elas também eram escravas?"

[…] "O meu avô tinha mania de colecionar jornais velhos. Vou ler para você uns anúncios de um desses jornais da coleção dele:

> Na rua da Misericórdia, n.º 3, vendem-se bilhetes a $60, de uma rifa unida à Loteria da Misericórdia que consta de uma negra com 2 filhos; cada bilhete tem vinte números.
>
> [**O Volantim**, n. 8, 10 set. 1822.]

> Quem quiser alugar um moleque, que seja fiel, capaz de dar conta do que se lhe encarregar, dirija-se ao Caminho do Catete, ao lado da Pedreira, n. 199, que lá achará com quem tratar, ou anuncie por esta folha.
>
> [**O Volantim**, n. 15, 18 set. 1822.]

> Quem quiser comprar uma linda negrinha, própria para uma mucama, com 10 anos, pouco mais ou menos, dirija-se à rua de S. Pedro, na Cidade Nova, defronte de uma venda e padaria, numa casa de quitanda, e falar a Joana Mª da Encarnação.
>
> [**O Volantim**, n. 43, 21 out. 1822.]

"Esquisito, não é? Gente sendo vendida, alugada, rifada… Sendo anunciada pelo jornal… Mas era assim no Brasil daquele tempo."

"Por quê?", perguntou logo o Chico.

"Porque os portugueses que vieram para o Brasil precisavam de gente para plantar, para fazer o Brasil. Eles não eram muitos e os índios brasileiros eram difíceis de escravizar. Afinal, estavam na terra deles, conheciam muito mais este Brasil do que os portugueses, escapavam fácil."

"Já os negros não, os negros viviam na África. Eram povos que tinham a sua cultura. Ou as suas culturas, pois a África é muito grande e tem gente muito variada. Mas a cultura dos africanos era diferente da cultura dos brancos europeus. Eles não tinham armas de fogo. Uns trinta ou quarenta anos depois de 1500, que, como você já sabe, foi o ano em que os portugueses descobriram o Brasil, eles já começaram a trazer para cá os negros da África. Os portugueses comerciantes de escravos chegavam lá e ameaçavam os africanos com as suas armas poderosas. Logo enchiam os navios – que por isso eram chamados de navios negreiros – de homens, mulheres e crianças, voltavam para o Brasil e vendiam todas essas pessoas."

"E eles vendiam os escravos do mesmo jeito que as pessoas vendem as coisas na feira hoje. Quando você vai com a sua mãe à feira, o vendedor não apalpa e aperta, por exemplo, o melão para mostrar que está bom, que está maduro? Os escravos eram tratados como coisas, animais. Às vezes, eles ficavam num lugar até engordar para poder ser vendidos por um preço melhor. Sem dúvida a escravidão era uma coisa absurda. Significava o total domínio de um ser humano sobre o outro. Um direito de vida e morte sobre outra pessoa. E isso é desumano."

"Mas eles não sentiam nada, não reclamavam, não lutavam para se libertar?", perguntou o Chico, indignado.

"Claro que sentiam, afinal eram gente", respondeu o avô. "E, como em toda gente, de qualquer cor, existiam os inteligentes, os valentes, os tímidos, os bons, os maus, os bem-falantes, os alegres, os tristes, os conformados, os revoltados. Enfim, gente de toda qualidade. Alguns se desesperavam

Uma senhora brasileira em seu lar, litografia aquarelada à mão de Jean-Baptiste Debret, 1835.

e se matavam. Alguns morriam de tristeza, tinham até uma palavra curiosa para chamar essa saudade profunda que sentiam do seu país e da liberdade perdida: **banzo**. Outros fugiam e se internavam nas matas criando os quilombos, espécie de cidades livres formadas só por escravos fugidos. Mas foram poucos, porque vieram milhares e milhares de africanos para cá desde que o Brasil foi descoberto. Esses africanos ou ficavam na cidade e iam trabalhar nas casas, no comércio, nas ruas, ou iam para fazendas, como esta do meu avô, trabalhar nas plantações."

A história dos escravos, de Isabel Lustosa. São Paulo: Companhia das Letrinhas, 2000.

As condições de vida da população escravizada

Entre os séculos XVI e XIX, milhões de mulheres, crianças e homens negros foram trazidos da África em **navios negreiros**.

Eles vieram escravizados para trabalhar nos engenhos de açúcar, na mineração e, mais tarde, na cultura do café. No período de crescimento das lavouras cafeeiras, o tráfico de africanos escravizados se intensificou.

Mercado de escravos, litografia colorida à mão de Johann Moritz Rugendas, cerca de 1835.

Nessas viagens, os africanos eram submetidos a condições desumanas. Pequenas revoltas, ataques aos feitores e mortes eram comuns. Os escravizados nunca aceitaram passivamente a escravidão.

Ao desembarcar nos portos das áreas coloniais, essas pessoas eram vendidas a proprietários de terras, que as escravizavam. Eles eram, portanto, obrigados a trabalhar para esses proprietários sem direito a uma remuneração e em más condições.

A diversidade da população africana escravizada

Embora pertencentes a diferentes povos africanos, todos os escravizados chegavam ao Brasil como "negros da Guiné". Recebiam esse nome porque os traficantes de escravos chamavam de Guiné a costa ocidental da África, de onde saíam os navios negreiros.

Essas populações, no entanto, tinham diferentes origens: os diversos grupos africanos escravizados no Brasil tinham língua e cultura próprias.

Observe a seguir o registro da diversidade da população de origem africana presente no Brasil. As pessoas foram retratados por dois pintores estrangeiros no século XIX.

Rostos de diferentes povos africanos que foram trazidos para o Brasil na condição de escravos. **Benguela**, **Angola**, **Congo**, **Monjolo**, litografias coloridas à mão de Johann Moritz Rugendas, cerca de 1835.

Escravas negras de diferentes nações, litografia colorida à mão de Jean-Baptiste Debret, 1834-1839.

Saiba mais

Pobreza e discriminação racial no Brasil

Leia o texto a seguir e conheça um dos problemas enfrentados no Brasil atual.

A pobreza não é igual para todo mundo. Ela é maior entre as crianças negras e indígenas. É como se alguém perdesse seus direitos só por causa da cor da pele ou do povo a que pertence. É o que se chama discriminação racial: a ideia de que as pessoas de cor ou de cultura diferente sejam menos inteligentes, menos honestas, menos gente.

É muito triste, mas no Brasil é isso o que ainda acontece. A discriminação racial nasceu da escravidão dos indígenas e, depois, dos negros. A escravidão já acabou há muitos anos, mas deixou marcas até hoje, na forma de preconceito.

De cada dez crianças pobres, sete são negras. Filhos de mães negras têm mais chance de morrer do que filhos de mães brancas. As crianças negras também vão menos à escola e as mães negras vão menos ao médico durante a gravidez. Como resultado, morrem mais crianças negras e indígenas do que brancas.

A discriminação racial traz problemas que podem durar para sempre. Se as crianças negras de hoje não se alimentarem bem, não crescerem com saúde e educação, como elas poderão dar boas condições de vida a seus filhos, no futuro? A história de preconceito e pobreza vai se repetir com as crianças que vão nascer.

Para quebrar esse círculo vicioso, o governo precisa criar políticas públicas para dar mais oportunidades a negros e indígenas para que tenham os mesmos direitos que as pessoas brancas.

Unicef Kids. Disponível em: <www.unicefkids.org.br/pag_texto.php?pid=43>. Acesso em: 23 nov. 2014.

Atividades

1 Escreva sua opinião sobre os anúncios de jornal da página 100: você acha a publicação deles correta? Como você imagina que se sentiam as pessoas anunciadas?

2 Releia o texto das páginas 100 e 101, pesquise em dicionários e dê o significado das palavras abaixo.

banzo:

mucama:

quilombos:

O fim da escravidão

Durante mais de 350 anos, a maior parte do trabalho no Brasil foi realizada por mão de obra escravizada.

Mas esse sistema havia se tornado menos vantajoso para a nova economia que se instalava no Brasil ao longo da segunda metade do século XIX.

Com a expansão das indústrias na Europa e na América do Norte, era necessário que houvesse mão de obra assalariada, capaz de comprar os produtos produzidos.

Alguns fazendeiros do nordeste e do Vale do Paraíba que ainda dependiam da mão de obra escravizada insistiam para que ela fosse mantida. Contudo, diversos setores da sociedade se mostraram favoráveis ao fim da escravidão e se mobilizaram em diversas campanhas abolicionistas.

Em 1888, a princesa Isabel, filha do imperador dom Pedro II, governava o país em lugar do pai, que estava ausente. Foi ela quem assinou a **Lei Áurea**, pondo fim à escravidão no Brasil.

Missa campal realizada em comemoração à abolição da escravatura no Campo de São Cristóvão, Rio de Janeiro (RJ), em 13 de maio de 1888.

A Abolição da Escravatura não foi um presente da princesa Isabel aos africanos escravizados. A liberdade só foi concedida depois de muita luta: dos próprios escravizados, que se rebelavam contra sua condição, e dos movimentos abolicionistas, que reuniam brancos e negros livres a favor do fim da escravidão no país.

A situação dos escravos libertos

A situação dos escravizados, após se tornarem livres, não foi acompanhada de ações que os integrassem à sociedade. Os negros livres sofriam discriminação e tinham dificuldade para conseguir emprego.

Para se fortalecer, muitos foram viver em **quilombos** (que existiam desde a época dos engenhos de açúcar).

Quilombo do distrito de Chapada, no Mato Grosso, aquarela de Aimé Adrien Taunay, 1827.

Saiba mais

O contexto político da assinatura da Lei Áurea

A participação do Brasil na Guerra do Paraguai, entre 1864 e 1870, provocou um grande aumento nas dívidas do país, graças às despesas de guerra. Isso dificultou a situação do governo imperial, enfraquecendo suas alianças políticas.

Entre os insatisfeitos, havia militares, cafeicultores, políticos e comerciantes.

A partir de 1870, muitos grupos da sociedade começaram a mostrar insatisfação com o governo de dom Pedro II. Nesse ano, formou-se um partido favorável ao fim da monarquia, o Partido Republicano.

A Abolição da Escravatura, assinada em 13 de maio de 1888, contrariou os interesses de diversos grupos, enfraquecendo ainda mais o Império.

No ano seguinte, em 15 de novembro de 1889, a República foi proclamada pelas tropas chefiadas pelo marechal Deodoro da Fonseca.

Alegoria à Proclamação da República e à partida da Família Imperial, óleo sobre tela de autor anônimo, século XIX.

Atividades

1 Converse com os colegas e responda às questões abaixo.

a) A quem não interessava o fim da escravidão?

....

....

b) A quem interessava economicamente o fim da escravidão?

....

....

c) Qual país pressionava o Brasil para que o sistema escravista acabasse?

....

2 Leia o texto:

> Os movimentos negros veem no 13 de Maio, data da assinatura da Lei Áurea, uma farsa. A Lei Áurea tem esse nome por ser a mais importante lei abolicionista na visão das elites. Esta lei aboliu, oficialmente, a escravidão. A farsa está porque a lei não trouxe nenhuma proteção nem políticas públicas que possibilitassem ao ex-escravo condições de vida. Por isso, os movimentos negros preferem comemorar o dia 20 de Novembro, considerado por eles como o Dia da Consciência Negra. A abolição ainda é um sonho que está se conquistando todos os dias nas lutas e nos movimentos afro-brasileiros.
>
> **Brasil afro-brasileiro: cultura, história e memória**, de Manoel Alves de Sousa. Fortaleza: Imeph, 2009.

o) Qual é a sua opinião sobre a Lei Áurea?

....

....

O tema é...
As condições de vida da população negra brasileira

15 de julho de 1955 Aniversário de minha filha Vera Eunice. Eu pretendia comprar um par de sapatos para ela. Mas o custo dos gêneros alimentícios nos impede a realização dos nossos desejos. Atualmente somos escravos do custo de vida. Eu achei um par de sapatos no lixo, lavei e remendei para ela calçar.

[...]

28 de maio [de 1957] ...A vida é igual um livro. Só depois de ter lido é que sabemos o que encerra. E nós quando estamos no fim da vida é que sabemos como a nossa vida decorreu. A minha, até aqui, tem sido preta. Preta é a minha pele. Preto é o lugar onde eu moro.

Quarto de despejo: diário de uma favelada, de Carolina Maria de Jesus. São Paulo: Livraria Francisco Alves, 1960. p. 5 e 147.

No dia 14 de março de 2014 foi comemorado o centenário de Carolina Maria de Jesus. Seu livro **Quarto de despejo: diário de uma favelada**, escrito em cadernos que ela encontrava no lixo, foi publicado em 1960 e traduzido para mais de treze idiomas.

- O que você acha que a autora quis dizer com a frase "Preto é o lugar onde eu moro"? A população negra brasileira enfrenta situações parecidas com a descrita por Carolina de Jesus?

- Você também tem um diário? Você considera importante conhecer as experiências de outra pessoa por meio de um diário? Por quê?

Brasil: renda média da população (2009)

R$ 1491,00   R$ 957,00   R$ 833,00   R$ 544,00

Legenda

 = R$ 10,00   = R$ 1,00   = R$ 100,00

Retrato das desigualdades de gênero e raça, do Instituto de Pesquisa Econômica Aplicada. p. 57. Disponível em: <www.ipea.gov.br/retrato/pdf/revista.pdf>. Acesso em: 17 mar. 2015.

- De acordo com o gráfico, quem ganha mais? E quem ganha menos?
- O que é mais grave no Brasil: a diferença entre homens e mulheres ou a diferença entre brancos e negros?

Capítulo 15 — A contribuição africana para a identidade brasileira

Entre os séculos XVI e XIX, milhões de mulheres e homens negros foram trazidos da África e escravizados na América. Eles eram forçados a deixar o continente africano para trabalhar e viver em terras brasileiras.

A maioria dessas pessoas foi trazida para o Brasil no período colonial. Elas foram levadas para todas as regiões da colônia, mas se concentraram mais nas regiões nordeste e sudeste.

Até hoje a presença de população de origem africana é forte em nosso país de norte a sul, como você pode observar no mapa abaixo.

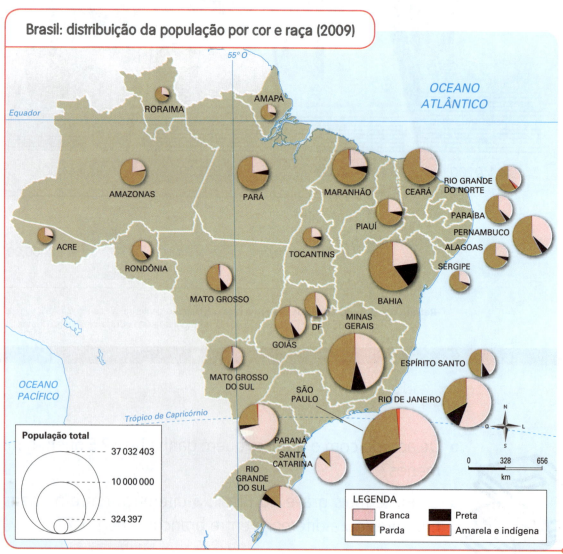

Adaptado de: **Pesquisa Nacional por Amostra de Domicílios**. IBGE, 2009.

A resistência africana

Os negros afro-brasileiros são, em geral, descendentes dos trabalhadores africanos escravizados. Uma boa parte deles é descendente da mistura entre brancos e negros ou indígenas e negros.

A convivência entre negros, brancos e indígenas não foi pacífica, principalmente por causa do grande preconceito contra os negros.

As raízes de muitas das manifestações consideradas símbolos de nossa cultura são originárias de tradições e costumes africanos.

A permanência de muitos dos costumes africanos em nossa terra só aconteceu por meio de uma luta longa e difícil para os negros. Eles tiveram de resistir a muitas dificuldades para que seus costumes fossem mantidos. Até mesmo nos engenhos, onde eram a maioria da população e a mão de obra vital, eram agressivamente reprimidos ao manifestarem suas tradições, crenças e valores.

Tradicionalmente representadas ao lado de igrejas, em louvor a Nossa Senhora do Rosário ou a São Benedito, as festas do Rosário, entre elas a Congada, foram sempre organizadas por escravos ou libertos e irmandades religiosas, fazendo parte das tradições brasileiras desde o século XVIII. Na imagem, grupo de Congada na festa de Nossa Senhora do Rosário dos Homens Pretos no Serro (MG), 2013.

● As influências africanas na cultura brasileira

Os cultos religiosos, as danças e os ritmos musicais africanos são marcantes nas regiões que receberam maiores contingentes de negros. Desenvolveram-se principalmente nas cidades, onde o negro gozava de um pouco de autonomia e onde seu esforço por ascender socialmente obtinha algum resultado. Isso permitiu que os cultos, as danças e a música afro-brasileiros ganhassem cada vez mais importância.

Como exemplo de religião de origem africana, temos o candomblé. Os africanos também influenciaram grande parte das religiões praticadas no Brasil, como o catolicismo e o pentecostalismo.

Candomblé, óleo sobre tela de Carybé, 1983.

O candomblé pode ser considerado uma religião ou um culto de origem africana. Envolve um conjunto complexo de crenças e rituais herdados de várias nações africanas. No Brasil, há também os candomblés de caboclo, nos quais os orixás são entidades caboclas ou espíritos de chefes e guerreiros indígenas brasileiros. Há também os rituais dominados pelos espíritos dos negros, chamados de pretos velhos. Os pretos velhos são considerados espíritos de grande sabedoria, principalmente no trato com ervas e na medicina à base de plantas.

Aprendendo História e Geografia, de César Coll e Ana Teberosky. São Paulo: Ática, 2000.

Danse Batuca, litografia colorida à mão de Jonhann Moritz Rugendas, cerca de 1835.

Na dança e na música, são muitas as expressões artísticas de influência africana, como o batuque, o samba, o moçambique, o catopé e o congo, por exemplo.

Saiba mais

Capoeira

Inicialmente desenvolvida para ser uma defesa, a capoeira era ensinada aos negros cativos por escravos fugitivos que eram capturados e voltavam aos engenhos. Os movimentos de luta foram adaptados às cantorias africanas e ficaram mais parecidos com uma dança, permitindo assim que treinassem nos engenhos sem levantar suspeitas dos capatazes.

Durante décadas, a capoeira foi proibida no Brasil. A liberação da prática aconteceu apenas na década de 1930, quando Mestre Bimba funda, em Salvador, a primeira academia de capoeira registrada oficialmente. Em 1953, uma variação (mais próxima de esporte do que de manifestação cultural) foi apresentada ao então presidente Getúlio Vargas pelo Mestre Bimba. O presidente adorou e a chamou de "único esporte verdadeiramente nacional".

Cultura afro-brasileira se manifesta na música, religião e culinária. **Portal Brasil**, Brasília, 4 out. 2009. Disponível em: <www.brasil.gov.br>. Acesso em: 3 dez. 2010. (Texto adaptado).

Roda de capoeira em festival de dança em Liubliana (Eslovênia), 2012.

Ingredientes do acarajé, comida de origem africana.

O acarajé, o vatapá, o abará e o cuscuz são pratos brasileiros cuja origem está associada à culinária africana do período da escravidão.

As condições de vida na colônia

Na época da colônia, mesmo para os portugueses, o dia a dia não era só luxo, festas e exuberância, assim como em outras colônias do mundo.

Alguns estudos têm mostrado que, longe das cidades, tanto brancos como negros viveram em condições precárias até quase o fim do século XIX. Muitos passavam fome, mas era ainda pior a situação dos escravizados.

Crianças negras paulistanas fotografadas no estúdio de Militão de Azevedo, importante fotógrafo em São Paulo (SP), cerca de 1880.

Atividades

1 Comente e cite exemplos sobre as seguintes afirmações.

> A cultura de um povo é tudo que ele produz e cria.
>
> Quando os negros chegaram ao Brasil, trouxeram consigo os seus hábitos alimentares, sua dança, sua religião, suas tradições.
>
> Os negros trouxeram toda a sua riqueza cultural e ajudaram na formação do que o Brasil conhece hoje.

2 O jornal noticia a aprovação da Lei Áurea.

- Faça de conta que você é o repórter e escreva a notícia no caderno.

Jornal **Diário Popular**, São Paulo, 14 maio 1888.

3 Em 1988, completaram-se cem anos da Abolição da Escravatura. Houve muitas comemorações e também discussões sobre a situação dos negros no Brasil naquela época.

a) Leia, a seguir, a letra do samba-enredo de 1988 da escola de samba Estação Primeira de Mangueira, do Rio de Janeiro. Se quiser, cante com os colegas e o professor.

> Cem anos de liberdade, realidade ou ilusão?
> Será…
> Que já raiou a liberdade
> Ou se foi tudo ilusão
> Será…
> Que a Lei Áurea tão sonhada
> Há tanto tempo imaginada
> Não foi o fim da escravidão
> Hoje dentro da realidade
> Onde está a liberdade
> Onde está que ninguém viu
> Moço…
> Não se esqueça que o negro também construiu
> As riquezas do nosso Brasil
> Pergunte ao Criador
> Quem pintou esta aquarela
> <u>Livre do açoite da senzala</u>
> <u>Preso na miséria da favela</u>
>
> **Cem anos de liberdade: realidade ou ilusão?**, de Hélio Turco, Jurandir e Alvinho. Rio de Janeiro: Editora Musical Escola de Samba, 1988.

b) Escreva, com suas palavras, o significado dos versos sublinhados.

Capítulo 15 – A contribuição africana para a identidade brasileira

4 Leia as palavras abaixo, que são de origem africana, e escreva-as no quadro, na coluna correspondente.

maracatu   acarajé   berimbau
vatapá   bongô   abará
samba   ganzá   congo

Alimentos	Instrumentos musicais	Ritmos

5 Leia o texto:

Atualmente, cerca de 45% da população brasileira é de **ascendência africana**.

Desde o início da escravidão até 1888, quando ela foi abolida, os negros sempre tentaram resistir ao trabalho forçado e formar quilombos.

Ainda hoje existem, em quase todo o Brasil, comunidades formadas por descendentes dos antigos habitantes dos quilombos. De acordo com a lei, elas têm direito às terras que ocupam; no entanto, sofrem ameaças frequentes de empresas interessadas em explorar os recursos naturais dessas terras.

a) No município onde você vive há comunidades quilombolas? Elas têm assegurada a posse de suas terras?

b) Faça uma pesquisa em livros, jornais, revistas e na internet sobre como eram os quilombos no tempo da escravidão negra no Brasil (onde se localizavam, como era o dia a dia dos moradores, entre outras informações). Registre no caderno o que você descobrir.

Capítulo 16
Chegam os imigrantes

A vinda de imigrantes europeus e asiáticos para o Brasil aumentou muito depois que o tráfico de africanos escravizados foi proibido (em 1850), o que trouxe a ameaça de falta de mão de obra para o país. Além disso, com o tempo, os fazendeiros se convenceram de que a produção do trabalhador livre (no caso, o imigrante) rendia mais, entre outros motivos, porque este era incentivado pelo pagamento, era experiente no trabalho e tinha ambição de conseguir melhores condições de vida no novo continente.

A maior parte dos imigrantes que chegaram ao Brasil entre 1872 e 1920 foi atraída pela colonização de novas terras no sul e pelo trabalho nas fazendas de café de São Paulo.

Disponível em: <http://super.abril.com.br/multimidia/republica-imigrante-brasil-683294.shtml>. Acesso em: 20 abr. 2015.

A hospedaria dos imigrantes, em São Paulo (SP), recebia muitos imigrantes recém-chegados. Lá eles eram alojados até que pudessem dirigir-se às fazendas do interior do estado.
Foto de cerca de 1900.

Os imigrantes traziam suas famílias e formavam colônias. São Paulo, por exemplo, recebeu sobretudo italianos, espanhóis e portugueses. Os estados da atual região Sul receberam muitos alemães e holandeses.

Com o passar dos anos, o Brasil também receberia imigrantes de outras nacionalidades, como os japoneses, que em muito contribuíram para o desenvolvimento da agricultura. Os sírios, libaneses e portugueses se estabeleceram principalmente no comércio.

Já a Bahia tem o maior contingente de descendentes de africanos do país, os quais contribuíram para a formação da culinária e de toda a cultura desse estado.

Atividades

1 Pesquise e responda às questões abaixo.

a) Por que os imigrantes foram incentivados a vir em maior número para o Brasil a partir da segunda metade do século XIX?

_____

_____

_____

_____

b) De onde veio a maioria dos imigrantes que chegaram ao país no período de 1890 a 1899?

_____

_____

2 Procure descobrir se na rua onde você mora vivem imigrantes (ou descendentes deles) de alguns dos países abaixo. Observe a bandeira referente a cada país.

Alemanha	Espanha	Itália	Japão
Polônia	Portugal	Rússia	Líbano

- Converse com eles e conte aos colegas o que você descobriu.

Capítulo 16 – Chegam os imigrantes

3 O gráfico a seguir mostra a proporção de imigrantes que vieram para o Brasil de 1870 até 1939.

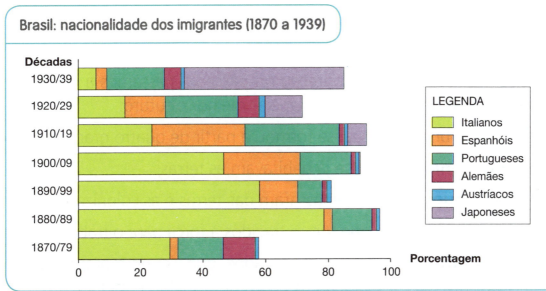

Atlas História do Brasil, de Flávio de Campos e Miriam Dolhnikoff. 3. ed. São Paulo: Scipione, 2000. p. 45.

 o Com base no gráfico, responda às questões.

a) De que país veio a maioria dos imigrantes que chegou ao Brasil nesse período?

b) Em que período chegou a maior quantidade de japoneses?

4 Os imigrantes tiveram forte influência na vida do povo brasileiro. Há grande possibilidade de você encontrar famílias com algum imigrante.

a) Converse com os colegas de classe sobre o país de origem dos membros da família deles.

b) Depois, mostre essa influência por meio de um esquema, no caderno.

c) Responda no caderno: de qual país veio a maioria dos imigrantes das famílias dos alunos da classe?

5 No município onde você vive, há influências de povos imigrantes? Quais? Converse com outras pessoas e complete dando exemplos.

Restaurantes e tipos de comida: _____.

Nomes de ruas, praças, bairros: _____.

Outros: _____.

Capítulo 17 — Viver no Brasil hoje

Quando sabemos o que aconteceu no passado, passamos a compreender melhor os dias de hoje e podemos planejar melhor o futuro.

A população brasileira atual se formou a partir de quatro grandes grupos:

- os **povos indígenas**, que já habitavam as terras;
- os **portugueses**, que se apossaram das terras e as colonizaram;
- os **povos africanos**, que foram trazidos à força para o trabalho escravo;
- os **imigrantes** de outros locais variados, que vieram morar no Brasil por motivos diversos, a maioria em busca de trabalho e melhores condições de vida; outros, fugindo de guerras e perseguições.

O que é ser criança hoje no Brasil

Segundo a legislação brasileira atual, são crianças as pessoas que têm até 12 anos de idade.

Ser criança hoje no Brasil é poder ter direitos protegidos pela lei. Você é uma criança, você é um cidadão.

Direitos à infância

Desde o momento em que nasce, toda criança se torna cidadã. E, por isso, criança também tem direitos. Não é porque são pessoas pequenas que as crianças são menos importantes. Pelo contrário: elas devem receber atenção especial, pois a infância é a fase mais importante da vida.

Para que todos tenham uma infância legal, a ONU (Organização das Nações Unidas) criou um conjunto de direitos para as crianças. É a **Declaração Universal dos Direitos da Criança**, escrita em 1959.

Direitos da criança. **Canal Kids**. Disponível em: <www.canalkids.com.br/cidadania/direitos/crianca.htm>. Acesso em: 23 nov. 2011.

● Migração e diversidade cultural

Como você já viu, esse Brasil em que vivemos foi formado pela mistura de muitas etnias e povos, e não só pelos negros, indígenas e brancos. Desde o início da colonização, as terras brasileiras receberam pessoas de todos os cantos do mundo: turcos, japoneses, italianos, alemães, árabes, entre vários outros.

E os imigrantes nunca pararam de chegar. A migração ocorre desde o início da história humana. Se você parar para pensar, perceberá que ela é algo muito bom.

Todo lugar um dia já recebeu imigrantes ou houve pessoas de sua população que migraram para outras localidades. Esses **fluxos** de pessoas mudam muito ao longo da História.

Ser diferente não significa ser pior nem melhor. Toda esta diversidade é o que faz os seres humanos interessantes. Não seria muito chato se todas as pessoas fossem exatamente iguais, tivessem as mesmas ideias, usassem a mesma roupa e quisessem ir ao mesmo cinema na mesma hora?

Diferenças não geram desigualdade. O que gera desigualdade não é ser diferente: **é ser tratado como se fosse melhor ou pior**.

A vida que a gente quer depende do que a gente faz.
São Paulo: Instituto Ecofuturo, 2007. p. 49.
(Texto adaptado).

Ideias em ação

Construindo um zootrópio

No século XIX foram dados os passos definitivos para a invenção do cinema como o conhecemos hoje. Nos anos 1830, algumas décadas antes da invenção do cinematógrafo, William George Horner inventou o zootrópio. Você conhece esse equipamento?

Este é um praxinoscópio, uma evolução do zootrópio, que possibilitava ver reproduções de imagens animadas no século XIX.

Material necessário

- garrafa de plástico pequena
- duas embalagens redondas (em papel ou plástico fino)
- grampeador
- tesoura sem pontas
- lápis de cor e canetinhas coloridas
- agulha de tricô fina
- folha de papel tamanho A3
- papel-cartão com mais de 40 centímetros de comprimento (se possível, reaproveitar embalagens)

Como fazer

1. Peça que um adulto fure, com a agulha de tricô, o centro de uma das embalagens redondas e também o fundo da garrafa de plástico.

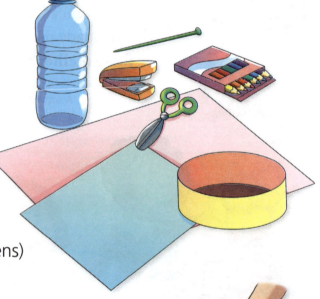

2. Trace sobre o papel-cartão um retângulo de 8 cm × 40 cm e recorte-o. Em uma das bordas do retângulo, a cada 2,5 cm, recorte um pequeno retângulo de 2 mm × 3 mm.

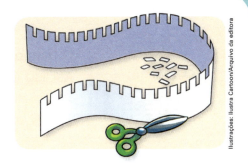

3. Cole o papel-cartão em volta da embalagem redonda que foi furada.

4. Retire o fundo da outra embalagem redonda. Grampeie essa embalagem na parte superior do papel-cartão recortado, como indicado na ilustração ao lado.

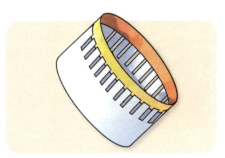

5. Trace sobre a folha de papel um retângulo de 3 cm × 35 cm e recorte-o. Desenhe o voo de um pássaro como o da ilustração.

6. Monte o zootrópio usando a agulha de tricô para juntar o tambor à garrafa plástica.

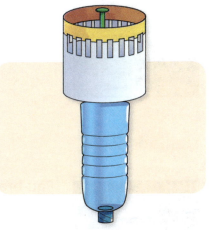

7. Coloque dentro do equipamento a folha de papel com o desenho. Gire o tambor e observe pela fenda a animação das imagens.

Atividade adaptada de: **Méga Expériences**. Paris: Nathan, 1995. p. 122-123.

Sugestões para o aluno

Unidade 1

O tempo tem linha?

Adelidia Chiarelli e Lucia Maria Paleari. São Paulo: Unesp.

Medir o tempo é um desafio. Interagindo com o leitor, o livro trabalha com valores e escalas de tempo de maneira lúdica e comparativa.

Barriga e Minhoca, marinheiros de Cabral

Atilio Bari. São Paulo: Scipione. (Em cena).

A bordo de uma das caravelas comandadas por Cabral, dois marinheiros querem saber para onde estão indo e quando vão chegar. Enquanto discutem, acabam avistando terra firme. Ao desembarcar, os marujos gostam tanto do lugar que resolvem não voltar para Portugal.

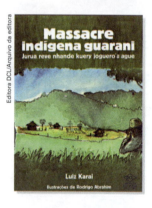

Massacre indígena guarani

Luiz Karai. São Paulo: DCL.

A aldeia seria invadida pelos homens brancos, mas o pajé teve um sonho revelador e tentou convencer seu povo a construir uma nova aldeia em outro lugar para fugir do massacre.

Unidade 2

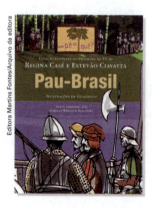

Pau-brasil

Regina Casé e Estevão Ciavatta. São Paulo: WMF Martins Fontes. (Um pé de quê?).

Na época da chegada dos portugueses às terras que hoje formam o Brasil, os europeus ficaram admirados com a riqueza e a peculiaridade da então exuberante Mata Atlântica. A imagem paradisíaca da época, no entanto, mudou bastante, e a realidade atual é outra. A exploração predatória a que foi submetida destruiu mais de 93% dessa área de fauna e flora tão impressionantes e particulares. Nesse bioma, o pau-brasil é uma das espécies que ainda resistem.

Unidade 3

Pedro, menino navegador
Lúcia Fidalgo. Rio de Janeiro: Manati.

Este livro conta a história de Pedro Álvares Cabral, que desde menino já sonhava com o dia em que seria um grande navegador. A obra mostra a importância da navegação nos séculos XV e XVI e o encontro dos portugueses com os indígenas.

Recife, cidade das pontes, dos rios, dos poetas e dos carnavais
Lenice Gomes e Hugo Monteiro Ferreira. São Paulo: Cortez.

O livro conta como a cidade do Recife, fundada no século XVI, quando o Brasil era colônia de Portugal, tornou-se conhecida por sua riqueza cultural, na dança, na poesia e em várias outras formas de expressão artística.

Unidade 4

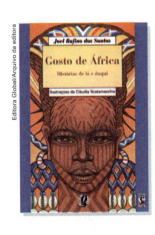

Gosto de África: histórias de lá e daqui
Joel Rufino dos Santos. São Paulo: Global.

O livro apresenta um conjunto de contos que retratam as tradições africanas trazidas pelos negros escravizados para o Brasil e fala das lutas desse povo pela liberdade.

Os gêmeos do tambor
Rogério Andrade Barbosa. São Paulo: DCL. (Baobá – África fantástica).

Kume e Kidongoi eram conhecidos como gêmeos do tambor. Esses guerreiros africanos sabiam tudo sobre gado e os fenômenos da natureza, mas não conheciam o próprio passado. O livro traz um bonito relato, inspirado na cultura oral dos massais, povo que habita regiões do Quênia e da Tanzânia, na África.

Sugestões para o aluno

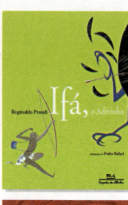

Ifá, o Adivinho
Reginaldo Prandi. São Paulo: Companhia das Letrinhas.

Ifá era um adivinho africano que gostava de salvar da morte as pessoas que o procuravam. A morte, irritada com ele, decidiu eliminá-lo. Mas, com a ajuda de Euá, uma corajosa donzela, ele pode continuar a ajudar os outros e contar suas incríveis histórias sobre a vida dos orixás.

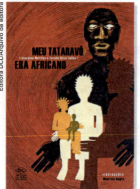

Meu tataravô era africano
Georgina Martins e Teresa Silva Telles. São Paulo: DCL.

Durante uma aula de História, um aluno de ascendência africana descobre muito sobre os sofrimentos dos africanos escravizados e sobre as próprias origens. O livro é fartamente ilustrado com fotos e outros documentos históricos e traz informações importantes sobre a escravização dos negros e sua luta pela liberdade.

De onde você veio?
Liliana Iacocca e Michele Iacoca. São Paulo: Ática. (Pé no chão).

O livro apresenta, de maneira bem-humorada, como pessoas de diversas nacionalidades contribuíram para a formação do povo brasileiro. Por meio dessa leitura, o aluno descobrirá a importância de valorizar e respeitar as diferenças.

Outros contos africanos para crianças brasileiras
Rogério Andrade Barbosa. São Paulo: Paulinas.

O livro reúne dois contos que pertencem à literatura oral de Uganda. O primeiro fala de como nasceu a inimizade entre o gato e o rato, e o segundo, do motivo pelo qual os jabutis têm os cascos "rachados".

Os direitos das crianças segundo Ruth Rocha
Ruth Rocha. São Paulo: Companhia das Letrinhas.

Inspirada nas ideias de igualdade universal – e também nas brincadeiras e emoções que só as crianças conhecem –, Ruth Rocha escreveu um livro de poesia sobre aquilo que não pode faltar durante a infância.

O livro traz um apêndice que conta a história da conquista dos direitos infantis.

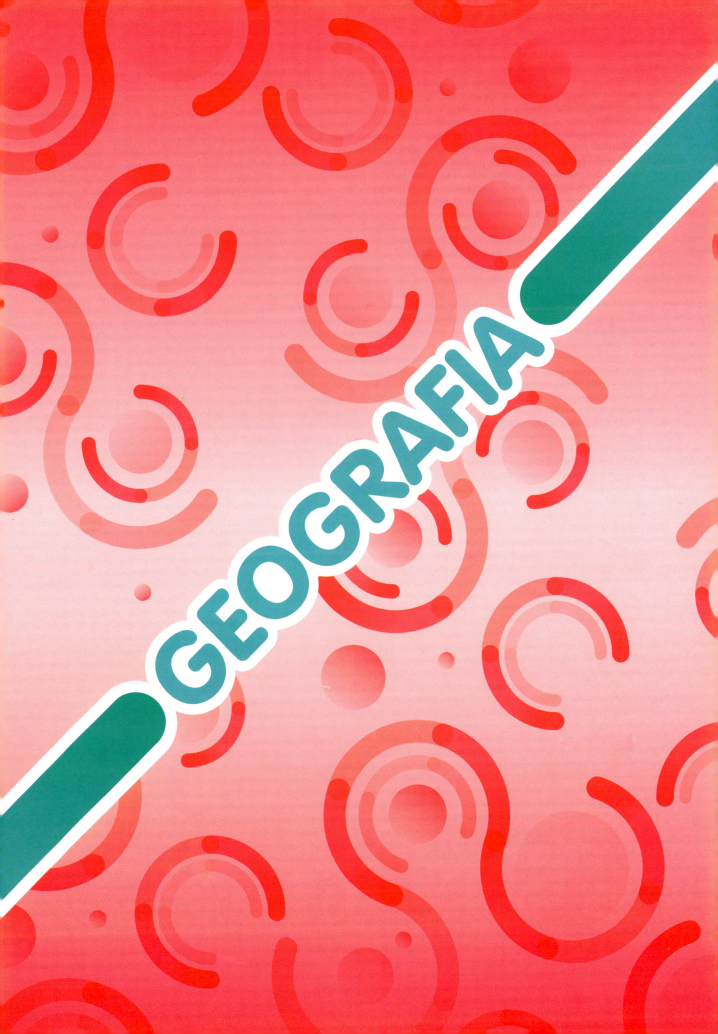

Sumário

UNIDADE 1 — A divisão dos espaços geográficos 132

Capítulo 1: O município 134
Campo e cidade 134
A administração do município 134
As cidades 138
 A vida nas cidades 138
A área rural do município 142
 A vida no campo 142
 O uso de máquinas no trabalho do campo 143
A relação entre campo e cidade 144

O tema é... A alimentação nas cidades 150

Capítulo 2: Os estados e as regiões brasileiras 152
Os estados brasileiros 152
A capital do Brasil 153
Os limites 154
As regiões brasileiras 156
 As diversas divisões regionais do IBGE 157

Capítulo 3: Brasil em resumo 160

Ideias em ação: Brincando de equilibrista ... 164

UNIDADE 2 — Estudando a paisagem 166

Capítulo 4: O relevo 168
Capítulo 5: A hidrografia 174
A água consumida nas cidades 177
Capítulo 6: O clima 182
A diferença entre tempo e clima 182
Estações do ano 183
O clima e o cotidiano 184

O tema é... Como diferentes povos preveem o tempo 190

Capítulo 7: OED A vegetação 192
No Brasil 192
 A importância da vegetação 197

Capítulo 8: Mudanças na paisagem 200
Modificações nas paisagens pela ação humana 201
 As consequências da ação humana 202
A ação dos fenômenos naturais 203

Ideias em ação: Construindo um anemômetro 206

UNIDADE 3 — A população e as atividades econômicas 208

Capítulo 9: A população 210
Os movimentos migratórios 212
 Migrando dentro do país 213

Capítulo 10: As principais atividades econômicas 218
Agricultura 220
 Como cultivar a terra 221
Pecuária 224
 Produtos da pecuária 224
Pesca 226
Mineração 227
Indústria 230
 Indústria extrativa 230
 Indústria de transformação 231
Comércio 234
Prestação de serviços 234

O tema é... Consumo e suas consequências ambientais 236

Ideias em ação: Construindo objetos de papel 238

UNIDADE 4 — Os meios de transporte e os meios de comunicação 240

Capítulo 11: Os meios de transporte 242
Transportes terrestres 243
Transportes aéreos 244
Transportes aquáticos 244
O trânsito 248
 Semáforo 248
 Faixas de segurança 249
 Placas de sinalização 249

O tema é... A responsabilidade no trânsito ...252

Capítulo 12: Os meios de comunicação 254
A carta 255
A internet 256

Capítulo 13: A evolução dos meios de comunicação e de transporte 262

Ideias em ação: Construindo um helicóptero em papel 264

UNIDADE 1
A divisão dos espaços geográficos

Vamos conversar?

- Como estão representadas as relações entre campo e cidade na ilustração?
- No município onde você vive há muitas atividades que ocorrem no campo e na cidade? Quais?

O que vou estudar?

- O município
- Área urbana e área rural
- Os estados e as regiões brasileiras

Ilustra Cartoon/Arquivo da editora

Capítulo 1 — O município

O Brasil se organiza em estados e municípios, que são unidades político-administrativas, ou seja, têm governos e leis próprias.

Muitas vezes a palavra **cidade** é usada como sinônimo de município, porém elas não significam a mesma coisa. A **cidade** é a sede do município.

Na cidade, localizam-se:

- a prefeitura, onde trabalham o prefeito e seus auxiliares;
- a câmara municipal ou câmara dos vereadores, onde trabalham os vereadores.

● Campo e cidade

Em geral, o município é formado pelo campo, a chamada área rural, e pela cidade, que é uma área urbana.

Não importa se vivemos no campo, com suas matas, florestas, sítios, fazendas e granjas com plantações, ou na cidade, com seus prédios, casas, ruas, avenidas, lojas e bancos: todos nós, brasileiros, vivemos em um município.

Veja abaixo duas fotos do município de São Desidério, na Bahia.

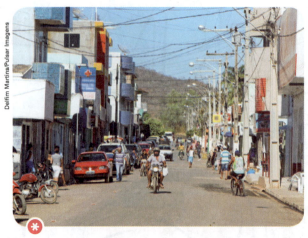
Área urbana do município de São Desidério (BA), 2013.

Área rural do município de São Desidério (BA), 2013.

- Qual das fotos acima você acha que mostra a cidade? Qual mostra o campo?

A administração do município

O **prefeito** governa o município, administra e fiscaliza a execução dos serviços públicos. Os **vereadores**, por sua vez, elaboram as leis do município e aprovam ou vetam (não aprovam) as decisões do prefeito.

Prefeitura de Porto Alegre (RS), 2012.

Câmara Municipal de Floresta (PE), 2014.

Os prefeitos e os vereadores são sempre ligados a um **partido político**. Os partidos políticos são associações que reúnem pessoas com ideias semelhantes sobre como resolver os problemas da população e como governar o município, o estado e o país. Quem escolhe os vereadores e o prefeito são os eleitores do município.

Atividades

1 Complete as frases.

a) O município onde moro se chama ....

Esse município faz parte do estado de(o) ....

Eu moro na área .... do município.

b) A vida no município, assim como no estado e no país, é regulada por leis. São os .... que fazem as leis do município.

2 Responda às questões.

a) Quem são os responsáveis pelo governo do município?

....

....

....

b) Qual é a função do prefeito no município?

....

....

....

....

c) Onde ficam a câmara dos vereadores e a prefeitura do município onde você mora?

....

....

d) Qual é o nome do prefeito e o do vice-prefeito de seu município?

....

....

3 Faça uma pesquisa e responda às questões.

a) Quando ocorreram as últimas eleições para as prefeituras municipais?

....

....

b) Quem foi eleito prefeito de seu município?

....

c) Você sabe o nome de algum vereador eleito? Se souber, informe o nome dele.

....

4 Escreva, no caderno, o que você considera necessário para ser um bom governante.

Saiba mais

O direito de votar

No Brasil temos eleições com grande frequência. Quando não estamos elegendo os novos prefeitos e vereadores, temos que escolher o presidente, os senadores e os deputados (federais e estaduais). Não há como negar que esse saudável exercício democrático reincorporado ao cotidiano dos brasileiros a partir da década de 1980, depois de uma "noite" prolongada que interrompeu nossas liberdades na década de 1960, foi um dos melhores acontecimentos registrados em nossa história política nas últimas décadas.

Há pessoas que se queixam do compromisso eleitoral obrigatório, entretanto, a inexistência desse direito foi objeto de lutas e mobilizações históricas por parte de diversos setores da sociedade civil durante praticamente toda a ditadura. A escolha de novos representantes políticos é de vital importância para a administração e o gerenciamento do país (e, consequentemente, dos estados e municípios também).

As crianças e a política: um encontro necessário, de João Luís de Almeida Machado. **Vithais**, 7 fev. 2010.
Disponível em: <www.vithais.com/2010/02/as-criancas-e-politica-um-encontro.html>.
Acesso em: 17 nov. 2014.

Área urbana de Manaus (AM), 2014.

● As cidades

Nas **cidades grandes**, o centro é bastante movimentado. Nele podemos notar uma grande circulação de pessoas, que trabalham, estudam, fazem compras e vendas, entre outras atividades – por isso dizemos que o comércio no centro dessas cidades é intenso.

Em geral, as cidades grandes também são compostas de bairros mais afastados do centro.

O centro das **cidades médias** e **pequenas** é mais calmo do que o das cidades grandes. O movimento de pessoas e de veículos é menor e o comércio é menos intenso.

A vida nas cidades

A vida nas cidades, principalmente nas grandes, é bem movimentada.

Geralmente, as pessoas que moram nas cidades grandes e médias dispõem de **vários recursos** que nem sempre estão ao alcance daquelas que vivem em cidades menores. Alguns exemplos desses recursos: água encanada, rede de esgotos, gás, luz elétrica, telefone, meios de transporte, estabelecimentos comerciais, locais para diversão e mais opções na área educacional.

Em algumas partes das cidades há predominância de **atividades comerciais** (compra, venda e troca de produtos e valores). Nelas, o comércio costuma ser intenso – encontramos grande número de lojas, bancos, escritórios, restaurantes.

Centro comercial da região da Saara, no Rio de Janeiro (RJ), 2013.

Nas cidades também encontramos áreas de concentração de **atividades industriais** (produção de mercadorias, principalmente por meio de máquinas e em grandes quantidades).

Por lei, todas as indústrias deveriam controlar a poluição sonora, do ar e da água, a fim de não prejudicar a vida de seus funcionários e das pessoas que vivem na região, mas nem sempre isso acontece.

Área industrial em Manaus (AM), 2012.

Atividades

1) Faça uma pesquisa sobre a área urbana ou a área rural de seu município. Anote as seguintes informações no caderno:

   a) Você escolheu a área urbana ou a rural?

   b) Como é essa área?

   c) O lugar onde você mora faz parte dessa área?

   d) Existe alguma atividade predominante nela?

   e) Faça um cartaz com as informações que você descobriu. Coloque algumas imagens para complementar seu trabalho – você pode colar fotos ou desenhar.

2) Viver na cidade é bom ou ruim? Converse com os colegas sobre isso, dê sua opinião e ouça o que eles têm a dizer. Justifique sua resposta.

....

....

....

3) Procure informações sobre o centro de duas cidades: uma grande e outra pequena. Pesquise em jornais, revistas, livros e *sites* na internet.

   o Responda às seguintes questões em uma folha à parte:

   a) Qual é o nome das cidades?

   b) Como são as ruas dessas cidades?

   c) Como é o movimento de pessoas e de veículos nessas cidades?

   d) O que existe no centro e o que as pessoas podem fazer nele?

   e) Quais são as vantagens e as desvantagens de viver nesses lugares?

   f) Com as informações que você conseguiu, faça um cartaz ilustrado mostrando as diferenças entre o centro de uma cidade grande e o de uma cidade pequena.

Capítulo 1 – O município

4 Observe as fotos.

Curitiba (PR), 2010.

Itamogi (MG), 2014.

- Agora responda às perguntas.

    a) Qual das fotos mostra uma cidade grande?

    ....

    b) Em qual foto há um movimento maior de veículos?

    ....

    c) Que diferenças existem entre as duas fotos?

    ....

    ....

    ....

    d) O município onde você mora tem uma cidade parecida com alguma das cidades fotografadas? Explique aos colegas os motivos pelos quais você acha isso.

Saiba mais

Problemas na cidade

A cidade pode oferecer melhores condições de vida do que o campo por possibilitar acesso a maior número de serviços e recursos. Porém nas cidades também encontramos diversos problemas, como a falta de emprego e a formação de conjuntos de moradias irregulares, além de altos índices de violência.

● A área rural do município

O **campo**, ou área rural, é a parte do município que fica fora da cidade. Ela pode ser formada por fazendas, sítios, chácaras e granjas, por exemplo. No campo, há mais componentes naturais do que na área urbana.

✱ Cultivo de repolhos em Arapiraca (AL), 2012.

A vida no campo

Os hábitos das pessoas do campo são diferentes dos hábitos das pessoas da cidade.

No campo, geralmente as moradias são distantes umas das outras e a comunidade se reúne, em geral, em festas ou nos templos religiosos.

No entanto, nos últimos tempos a vida no campo tem mudado muito. Os meios de comunicação – rádio, televisão e internet – influenciam os moradores da área rural, fazendo-os adquirir e incorporar hábitos da cidade.

Cavaleiros levando ✱ animais para a tradicional festa da Queima do Alho, em Nova Resende (MG), 2011.

O uso de máquinas no trabalho do campo

Antigamente, nas áreas rurais dos municípios havia muitas pessoas que trabalhavam nas plantações. Elas preparavam a terra, plantavam e colhiam.

Trabalhadores rurais cultivam horta em Santa Bárbara (MG), 2014.

Hoje, com a modernização, o maquinário faz grande parte do trabalho, principalmente nas grandes propriedades. Há máquinas para diversas etapas da lavoura, desde preparar a terra e semear até fazer a colheita.

Com a introdução de máquinas no trabalho agrícola e na pecuária, muitas pessoas acabam abandonando a vida no campo e mudam-se para a cidade.

Colheita mecanizada de soja em Diamantino (MT), 2013.

● A relação entre campo e cidade

As atividades no campo e na cidade são complementares. Muitas coisas que são vendidas ou fabricadas na cidade dependem do trabalho e da produção no campo.

A maior parte dos alimentos que consumimos é produzida no campo.

Pecuária em Barra do Quaraí (RS), 2013.

Comércio em Barreiras (BA), 2013.

Agricultura em Teresópolis (RJ), 2013.

Indústria em Manaus (AM), 2013.

Além dos alimentos, o campo também produz grande parte das matérias-primas que são usadas pela indústria, como a madeira, o algodão, a areia, os minerais, a carne, o couro, as frutas para suco.

A **indústria** transforma o que é produzido no campo, fabricando os diversos produtos de que a sociedade necessita. Tanto os produtos industrializados como os naturais chegam às pessoas por meio do **comércio**, que é responsável por sua distribuição e venda.

Observe a seguir algumas etapas da produção do milho.

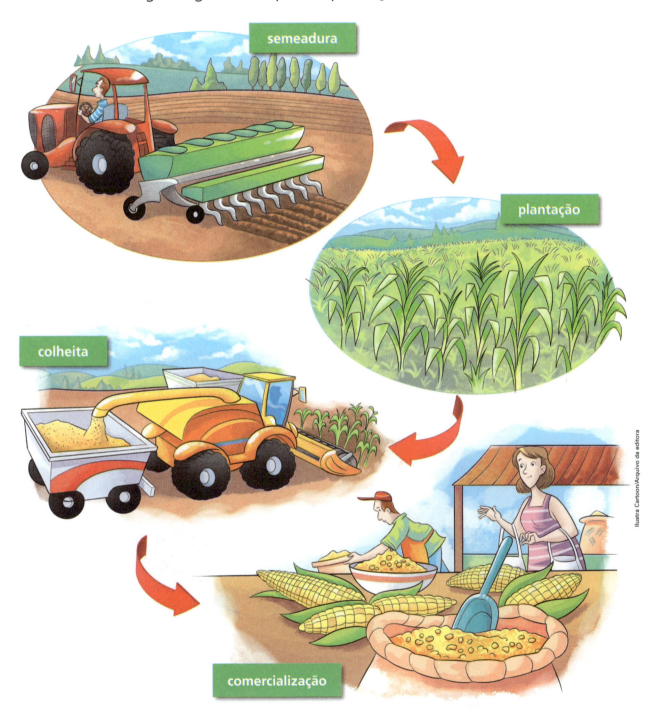

O campo e a cidade estão em constante contato em sua relação de produção e consumo. Por isso, as estradas de ligação entre o campo e a cidade são importantes para que os produtos cheguem à casa das pessoas.

Atividades

1) Assinale as afirmativas verdadeiras.

○ Na área urbana, a quantidade de construções é maior que na área rural.

○ Na área rural, há mais ruas e avenidas por onde circulam pessoas e veículos.

○ No campo, as pessoas moram em fazendas (as grandes propriedades) ou em sítios (as médias e pequenas propriedades).

○ Na área urbana, predominam as atividades de cultivo de alimentos e criação de animais.

2) Relacione as matérias-primas listadas abaixo com os produtos industrializados mostrados nas fotos.

1) látex
2) algodão
3) alumínio
4) madeira

○

○

○

○

Capítulo 1 – O município

3 Que mercadorias consumidas em sua casa são produzidas numa área do município e vendidas em outra?

o Responda à questão completando o quadro.

Mercadoria	Área onde é produzida	Área onde é vendida

4 Pense em como é a vida na área rural e na área urbana e reflita sobre o que há de bom e de ruim em cada lugar. Complete o quadro a seguir.

Vida na área rural	
Vantagens	Desvantagens

Vida na área urbana	
Vantagens	Desvantagens

5 Entre as palavras abaixo, escolha a que se refere a cada afirmativa e escreva-as nos espaços correspondentes.

> município   cidade   campo

a) Nele existem paisagens diferentes, que são resultado da ação tanto da natureza como do ser humano.

....

b) As moradias são distantes umas das outras e predominam os elementos naturais.

....

c) Há um aglomerado de moradias próximas umas das outras.

....

d) Fazem parte de um município.

....

6 Complete as informações corretamente usando as palavras do quadro.

> prédios   animais   fazendas   comerciais
> celeiros   cultivo   industriais   alimentos   fábricas

a) As principais atividades desenvolvidas na área rural são o .... de .... e a criação de ....

b) Na área urbana, predominam as atividades ...., ... e de prestação de serviços.

c) Construções típicas da área urbana: ....

Construções típicas da área rural: ....

Capítulo 1 – O município

7 Observe as fotos abaixo.

Rio Grande (RS), 2013.

Florianópolis (SC), 2014.

a) Qual delas é mais parecida com o lugar onde você mora?

....

b) Cite algumas atividades de seu dia a dia que são típicas da área em que você vive.

....

....

....

....

O tema é...
A alimentação nas cidades

Fast food é uma expressão em inglês que, traduzida para o português, significa 'comida rápida'. Os tipos de fast food mais conhecidos são o hambúrguer e a batata frita.

- Que outros tipos de comida rápida você conhece? Por que esse tipo de alimento agrada tanto as pessoas?

- Com que frequência você come *fast food*? Você pode comer esse tipo de comida a qualquer hora? Os seus pais ou responsáveis controlam quando você come *fast food*?

- Sua família já comprou algum alimento com a palavra "orgânico" no rótulo? Que produto foi esse?

- Você sabe a diferença entre um alimento orgânico e um não orgânico? Você acha que seus pais ou responsáveis se informaram sobre essa diferença antes de comprar?

Este selo identifica os produtos de origem orgânica.

O "telhado verde" do *shopping* Eldorado, em São Paulo (SP), é um exemplo de horta urbana (2013). Os restos de alimentos das praças de alimentação são transformados em adubo para a produção de legumes, como berinjela, cebola e tomate, e ervas, como hortelã e erva-doce.

- Você conhece alguma horta urbana na sua cidade? Onde está localizada? O que ela produz? Que benefícios ela trouxe para o local?

- Você e sua família cultivam algum alimento em casa? Como funciona? Você acha que os vegetais plantados em casa são mais saborosos que os comprados no supermercado?

Capítulo 2 — Os estados e as regiões brasileiras

● Os estados brasileiros

O território brasileiro está dividido em 26 estados e um Distrito Federal, onde fica a capital (Brasília).

Cada estado é formado por vários municípios. E todo estado possui uma capital (município onde se localiza a sede do governo do estado).

Brasil: divisão política

LEGENDA
- ■ Capitais dos estados
- ◉ Capital do país

Atlas geográfico escolar. 5. ed. Rio de Janeiro: IBGE, 2009. p. 90.

A capital do Brasil

Brasília foi planejada para ser a capital do Brasil.

Quem desenhou o projeto da cidade foi o arquiteto Lúcio Costa. E Oscar Niemeyer, a convite de Lúcio Costa, projetou importantes prédios na cidade. A inauguração de Brasília ocorreu em 21 de abril de 1960, quando a capital do país deixou de ser o Rio de Janeiro.

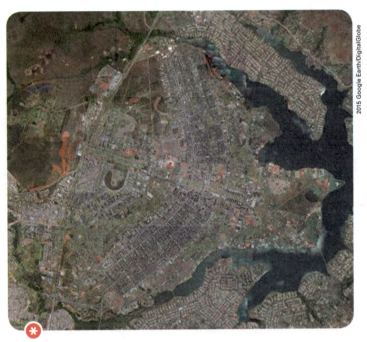

Vista aérea de Brasília (DF), 2015.

Saiba mais

Os nomes dos lugares

Você sabia que municípios, estados e países podem mudar de nome?

Florianópolis, capital do estado de Santa Catarina, já se chamou Nossa Senhora do Desterro. Seu nome atual foi escolhido em homenagem a um dos primeiros presidentes do Brasil, o marechal Floriano Peixoto.

Já o estado de Rondônia um dia foi chamado de Guaporé, nome que provavelmente veio do tupi e significa algo como 'campo de cachoeiras'. Hoje tem esse nome em homenagem ao marechal Rondon, conhecido desbravador da Amazônia e do interior brasileiro.

E seu município? Sempre teve o mesmo nome?

● Os limites

Alícia mora no município de Arapiraca, em Alagoas, e seus avós moram no município de Igaci, no mesmo estado.

A menina foi visitar seus avós e viajou de carro com o pai.

Veja a pergunta que ela fez:

O pai de Alícia mostrou uma placa que estava na estrada.

Ilustrações: Ilustra Cartoon/Arquivo da editora

Por meio de placas desse tipo, sabemos quando estamos saindo de um município e entrando em outro.

O **limite** marca a separação de dois ou mais territórios, como os municípios e os estados. Os limites podem ser constituídos de elementos naturais (como os rios e as serras) ou construídos pelo ser humano (como uma ponte ou uma estrada). Às vezes podem ser apenas linhas imaginárias, só assinaladas nos mapas. Observe este mapa:

Adaptado de: IBGE. **Cidades@**. Disponível em: <http://cidades.ibge.gov.br>. Acesso em: 19 nov. 2014.

154

Capítulo 2 – Os estados e as regiões brasileiras

Atividades

1 O professor vai mostrar o mapa de seu estado dividido em municípios.

a) Localize o município onde você mora e a capital de seu estado.

b) Complete a ficha a seguir.

Municípios vizinhos

Ao norte: ....

Ao sul: ....

A leste: ....

A oeste: ....

2 Observe a placa. Informe o nome dos municípios cujo limite ela indica.

....

....

LIMITE DE MUNICÍPIOS
Caçapava
Taubaté

3 Agora é sua vez. Imagine que você está saindo de seu município e seguindo para o norte. Que placa de limite você vai encontrar na estrada? Desenhe-a.

● As regiões brasileiras

Os estados brasileiros são agrupados em **regiões**, de acordo com semelhanças nas paisagens, nos costumes e nas atividades econômicas.

No mapa a seguir, estão indicadas as cinco regiões brasileiras, de acordo com a divisão feita pelo IBGE. São elas: Norte, Centro-Oeste, Nordeste, Sudeste e Sul.

Atlas geográfico escolar IBGE. 5. ed. Rio de Janeiro: IBGE, 2009. p. 94.

Capítulo 2 – Os estados e as regiões brasileiras

As diversas divisões regionais do IBGE

O IBGE já organizou os estados em conjuntos regionais muito diferentes dos atuais.

Ao longo do século XX, houve diversas divisões regionais. As mudanças estão relacionadas a questões políticas, como a criação de estados, e também a transformações econômicas, como a industrialização.

Observe nos mapas a seguir algumas divisões regionais antigas:

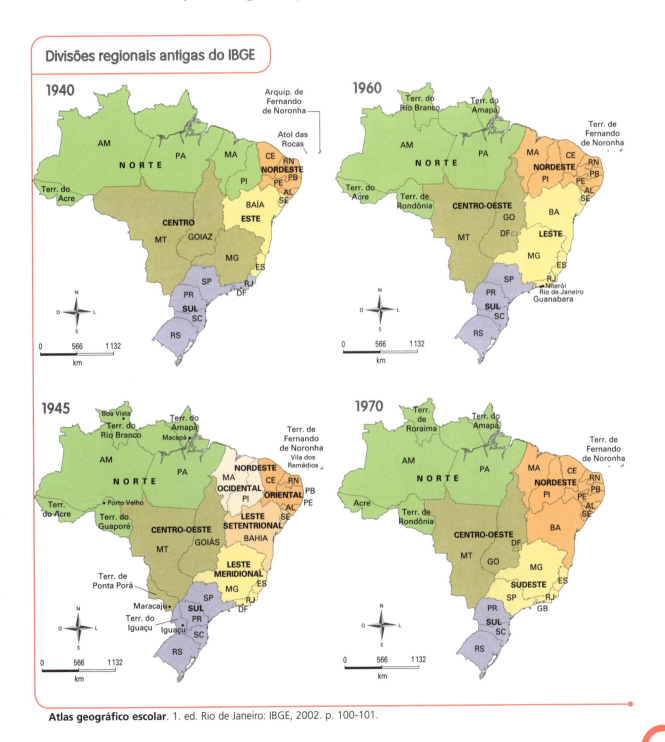

Atlas geográfico escolar. 1. ed. Rio de Janeiro: IBGE, 2002. p. 100-101.

1 Observe o mapa das regiões do Brasil e responda às questões.

Atlas geográfico escolar. 5. ed. Rio de Janeiro: IBGE, 2009. p. 94.

a) Qual é o nome do seu estado?
....
....

b) Em que região seu estado está localizado?
....
....

c) O seu estado é banhado pelo oceano Atlântico?
....
....

d) Que outros estados pertencem a essa região?
....
....
....
....

2 Assinale apenas as frases com afirmações corretas.

a) ◯ O estado de Rondônia faz parte da região Centro-Oeste.

b) ◯ A região Norte é formada por sete estados.

c) ◯ Santa Catarina faz parte da região Sul.

Capítulo 2 – Os estados e as regiões brasileiras

3 Complete a ficha abaixo.

Meu estado faz parte do Brasil

Nome do estado: ....

Nome da capital: ....

Nome da região brasileira onde está localizado:

◯ É banhado pelo oceano

◯ Não é banhado pelo oceano

Estados vizinhos:

- Ao norte: ....

- Ao sul: ....

- A leste: ....

- A oeste: ....

---

4 Complete o quadro com o nome de alguns estados brasileiros e as suas respectivas siglas e capitais.

Estado	Sigla	Capital

Capítulo 3

Brasil em resumo

De norte a sul, de leste a oeste, o Brasil é um país com muitas belezas naturais, monumentos históricos, atrações turísticas e festas populares.

Conheça um pouco de tudo isso, por meio das imagens e das informações de cada unidade federativa apresentadas a seguir.

Rio Branco (AC)

Cortado pelo rio Acre, Rio Branco é o centro econômico e cultural do estado. Foto de 2013.

Macapá (AP)

A linha do equador atravessa o município de Macapá: uma parte fica no hemisfério norte e a outra, no hemisfério sul. O monumento Marco Zero indica o ponto pelo qual passa esse paralelo. Foto de 2012.

Penedo (AL)

Penedo é um dos municípios históricos mais bonitos e antigos do Brasil; conserva igrejas e palacetes dos séculos XVII e XVIII. Foto de 2012.

Manaus (AM)

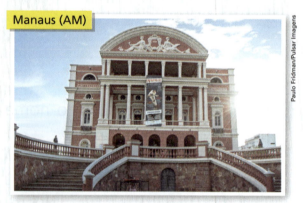

O Teatro Amazonas, monumento histórico de Manaus, é um dos símbolos do chamado Ciclo da Borracha, na região dos seringais amazônicos. Foto de 2013.

Salvador (BA)

O Farol da Barra foi construído no século XVII para orientar os navios que entravam na Baía de Todos-os-Santos. Foto de 2013.

Jericoacoara (CE)

A paisagem de Jericoacoara é composta de dunas, lagoas, praias e formações rochosas, como a Pedra Furada, esculpida pelo mar ao longo dos anos. Foto de 2012.

Serra do Roncador (MT)

Encontramos nessa região lagos subterrâneos, nascentes de rios e cavernas, que guardam inscrições rupestres feitas por povoadores antigos. Foto de 2013.

Domingo Martins (ES)

A Pedra Azul, um dos símbolos do Espírito Santo, é uma rocha coberta por algas cuja coloração varia do verde ao azul, de acordo com a incidência dos raios solares. Foto de 2014.

Bonito (MS)

Bonito é considerado um verdadeiro paraíso ecológico, com rios de águas cristalinas, cachoeiras, cavernas e diversos animais. Foto de 2011.

Parque Nacional da Chapada dos Veadeiros (GO)

O Vale da Lua, em área de ocorrência de cerrado, é um conjunto de belas paisagens, com formações rochosas, piscinas naturais, grutas, cachoeiras e trilhas. Foto de 2012.

Tiradentes (MG)

Tiradentes é um município histórico, com calçamento de pedras centenárias, igrejas, capelas e casarios coloniais. Foto de 2012.

Parque Nacional dos Lençóis Maranhenses (MA)

Esse parque, um dos mais belos trechos do litoral brasileiro, é formado por dunas de areias brancas e lagoas temporárias. Foto de 2013.

Belém (PA)

No mercado Ver-o-Peso são comercializados, entre diversos produtos típicos da região, cerâmicas, comidas, frutas, peixes e ervas medicinais. Foto de 2012.

João Pessoa (PB)

A Ponta do Seixas é um dos pontos extremos do Brasil. Essa ponta de terra é o primeiro lugar onde o sol surge no continente americano. Foto de 2012.

Curitiba (PR)

O teatro Ópera de Arame é destinado a apresentações artísticas e culturais. O local é rodeado por uma mata nativa, um lago e uma cascata. Foto de 2012.

Fernando de Noronha (PE)

O arquipélago de Fernando de Noronha é uma das áreas ecológicas mais bonitas do Brasil. Foto de 2013.

Parque Nacional de Sete Cidades (PI)

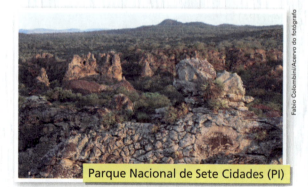

No parque há cachoeiras, áreas de cerrado e de caatinga, diversos animais e vários sítios arqueológicos, com inúmeras pinturas rupestres. Foto de 2012.

Rio de Janeiro (RJ)

A estátua do Cristo Redentor, no Morro do Corcovado, foi construída em 1931 e é uma das maiores do mundo, com 38 metros de altura. Foto de 2012.

Atol das Rocas (RN)

Essa foi a primeira unidade de conservação marinha criada no Brasil. É local de desova de tartarugas e abriga grande número de aves marinhas. Foto de 2007.

Gramado (RS)

Gramado conserva em suas construções a influência da colonização de alemães e italianos. Foto de 2011.

Porto Velho (RO)

A Estrada de Ferro Madeira-Mamoré levou quarenta anos para ser construída. Inaugurada em 1912, foi desativada em 1972. Foto de 2013.

Capítulo 3 – Brasil em resumo

Parque Nacional do Monte Roraima (RR)

Nas fronteiras do Brasil com a Venezuela e a Guiana, estende-se o Parque Nacional do Monte Roraima, com montanhas únicas formadas há milhões de anos. Foto de 2011.

Mateiros (TO)

A região do Jalapão apresenta vegetação de cerrado, rios, lagoas, dunas e cachoeiras, além de rica fauna. Foto de 2011.

São Paulo (SP)

O Monumento às Bandeiras representa uma expedição bandeirante em São Paulo, com a presença de europeus e indígenas.

Pomerode (SC)

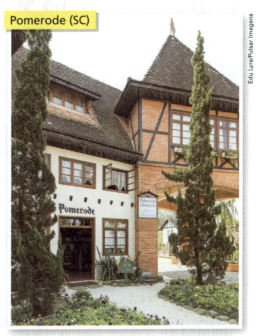

Colonizado por famílias vindas da província da Pomerânia, no norte da Alemanha, Pomerode possui um rico folclore. Foto de 2012.

Brasília (DF)

A escultura **Os Candangos**, de Bruno Giorgi, simboliza os trabalhadores que construíram a capital do Brasil, vindos de diversas partes do país. Foto de 2013.

Hidrelétrica de Xingó (SE)

Em trecho da divisa entre Sergipe e Alagoas, no rio São Francisco, encontra-se a hidrelétrica de Xingó, que é uma das maiores e mais modernas usinas hidrelétricas do Brasil. Foto de 2012.

Ideias em ação

Brincando de equilibrista

Você já foi a um circo? O circo está presente tanto no campo como na cidade e **atrai** muitas pessoas. É uma das atividades culturais mais antigas do mundo.

Os números de equilibrismo encantam grande parte do público. Que tal **brincar** de equilibrista sem ter de se **arriscar** sobre a corda?

Material necessário

- papel-cartão (se possível, aproveitar embalagens)
- linha fina (se possível, sintética)
- botões
- duas garrafas cheias de água
- fita adesiva
- tesoura sem pontas
- lápis de cor e canetinhas coloridas

Como fazer

1. Desenhe diversas formas de equilibristas no papel-cartão – observe os exemplos a seguir. Recorte-os e decore-os como quiser.

2. No verso de cada equilibrista fixe, com fita adesiva, um botão em cada uma de suas mãos.

3. Amarre a linha nas garrafas: uma ponta no gargalo; a outra, no meio dela. Coloque um equilibrista por vez na parte mais alta da linha. Toque cuidadosamente a corda para movimentá-lo.

Todos os seus equilibristas chegaram ao fim da corda sem despencar? Compartilhe com os colegas suas descobertas.

Atividade adaptada de: **Méga Expériences**. Paris: Nathan, 1995. p. 90-91.

UNIDADE 2
Estudando a paisagem

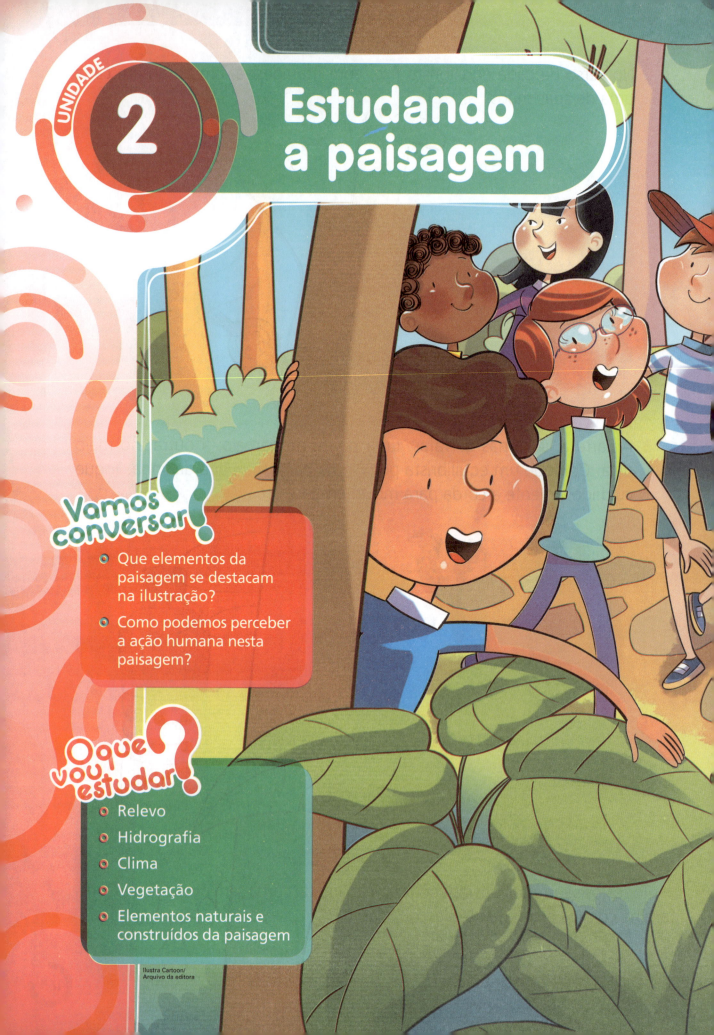

Vamos conversar?

- Que elementos da paisagem se destacam na ilustração?
- Como podemos perceber a ação humana nesta paisagem?

O que vou estudar?

- Relevo
- Hidrografia
- Clima
- Vegetação
- Elementos naturais e construídos da paisagem

Ilustra Cartoon/Arquivo da editora

Capítulo 4 — O relevo

A superfície terrestre é a parte do planeta onde vivemos.

Nem sempre a superfície terrestre foi como a conhecemos hoje. Ela passa constantemente por alterações, pois sofre desgastes ao longo dos anos por causa dos ventos, das chuvas, do calor do Sol e das interferências e modificações que o ser humano realiza na natureza.

Assim, a superfície terrestre é constituída de terrenos de vários tipos e formas: mais altos ou mais baixos, mais planos ou acidentados (que são desiguais, irregulares).

Essas características das superfícies são chamadas **relevo**.

Vamos conhecer algumas formas de relevo?

Planície

Grande porção de terra relativamente plana. Ocorre, em geral, em uma altitude baixa: menos de 100 metros acima do nível do mar.

Os pequenos fragmentos de solo e outros materiais carregados pela água se depositam nas planícies.

Planície do Pantanal (MS), 2012.

Montanha

Grande elevação do terreno, consideravelmente mais alta que a área ao seu redor.

As montanhas mais jovens têm uma elevada altitude, de mais de 2 mil metros.

Pico

Ponto mais elevado de uma montanha. Ele geralmente se destaca na paisagem por sua forma pontiaguda.

Montanha da cordilheira dos Andes (Peru), 2011.

Pico da Neblina (AM), 2008.

Chapada

Superfície bastante elevada em relação às terras do seu entorno e com lados inclinados (às vezes, quase verticais).

Toda a sua parte alta é relativamente plana e descoberta, podendo proporcionar boa perspectiva da região em que se localiza.

Chapada Diamantina (BA), 2013.

Morro

Elevação no terreno causada por diferentes intensidades de erosão: algumas áreas resistem mais à ação dos agentes erosivos, como a água e o vento. No Brasil, os morros geralmente têm formas arredondadas.

Conjunto de morros em Petrópolis (RJ), 2012.

Colina

Pequena elevação, com inclinação suave, ou seja, não muito acentuada. A colina tem, em geral, menos de 50 metros de altura.

Vale

Forma de relevo na maioria das vezes modelada por um rio. Em seu curso, esse rio cavou ou abriu uma alongada depressão entre as terras mais elevadas dos arredores.

Colina em São José dos Ausentes (RS), 2013.

Vale de Santa Bárbara, em São Francisco Xavier (SP), 2012.

Capítulo 4 – O relevo

No topo do mundo

As 35 montanhas mais altas do mundo estão nas cordilheiras do Himalaia e do Karakoram, entre a China e a Índia. As mais altas são o Everest, K2, Kanchenjunga, Lhotse I e Makalu I. O monte Everest é 27 vezes mais alto que a torre Eiffel. Um prédio de escritórios da mesma altura teria pelo menos 2 mil andares.

Comparações incríveis, de Russel Ash. São Paulo: Salamandra, 1998.

Vista do monte Everest, na cordilheira do Himalaia (Nepal), 2014.

Atividades

1 No mapa abaixo as cores indicam as altitudes do relevo. A cor verde corresponde às altitudes mais baixas. A cor fica mais clara à medida que a altitude aumenta.

Natural Earth Data. Disponível em: <www.naturalearthdata.com/downloads/10m-raster-data/10m-cross-blend-hypso>. Acesso em: 21 nov. 2014.

o Agora responda às questões.

a) Em que região brasileira predominam as altitudes mais baixas?

....

b) Em que região predominam as altitudes elevadas do país?

....

c) Que altitude predomina em seu estado? E na região onde fica seu estado?

....

....

2 Faça uma pesquisa para responder às questões abaixo.

a) Qual é o lugar mais alto de seu município? E do seu estado?

....

....

b) No seu município ou estado existe alguma serra? Qual é o nome dela?

....

....

c) Que outra forma de relevo importante existe em seu município ou estado?

....

....

3 Agora desenhe no espaço abaixo duas das formas de relevo que você descobriu e escreva ao lado dos desenhos o nome de cada uma delas.

Capítulo 5 — A hidrografia

A maior parte da superfície da Terra é coberta pelas águas que formam os oceanos, mares, lagos e rios.

Veja o mapa abaixo, que mostra as grandes extensões de água de nosso planeta.

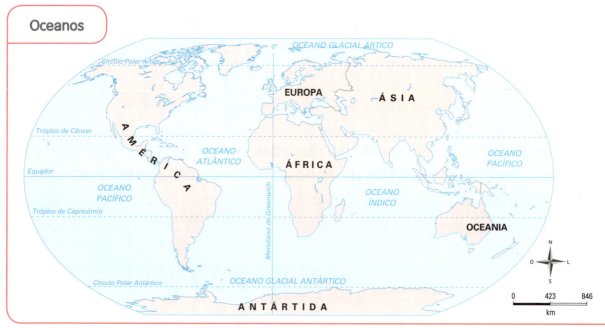

Organizado com base em: **Atlas geográfico escolar**. 5. ed. Rio de Janeiro: IBGE, 2009. p. 34.

Chamamos de **oceano** a grande extensão de água salgada que fica ao redor dos continentes, ou seja, das partes da superfície terrestre que não são cobertas pelas águas.

A parte dos oceanos que banha os continentes chama-se **mar**. Os lugares banhados pelo mar são chamados de **litoral**. Nosso país possui um extenso litoral, ou seja, há muitos lugares banhados pelo mar no Brasil.

Itapema (SC), 2012.

Além de ser banhado por mares e oceanos, o Brasil possui muitos rios e lagos.

Rio é uma corrente de água que deságua no mar, em um lago ou em outro rio. Um rio que despeja suas águas em outro rio é chamado de **afluente**.

Os rios são *habitat* naturais de milhares de espécies. Os seres humanos utilizam os rios para navegação, pesca, produção de energia elétrica, abastecimento de água das cidades, irrigação de terras, entre outras atividades.

O rio é composto das seguintes partes: **nascente** (onde o rio nasce), **leito** (por onde o rio corre), **foz** (onde o rio despeja suas águas) e **margens** (terras que ladeiam o rio).

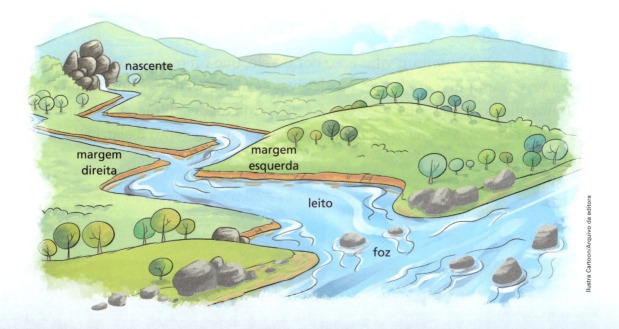

Lago é uma porção de água continental cercada de terra. Quando o lago é pequeno e raso, é chamado **lagoa**.

Lago Paranoá, em Brasília (DF), 2013.

Saiba mais

O rio da unidade nacional

Você conhece o Velho Chico? Não se confunda: ele não é um vizinho seu ou um tio que mora longe. Esse é o apelido de um dos mais importantes rios do Brasil.

O caminho de 2 700 quilômetros do rio São Francisco começa no interior de Minas Gerais e vai até o litoral do Nordeste. Ele atravessa diferentes paisagens e encontra pessoas, plantas e bichos que vivem às suas margens.

O rio tem esse nome pois foi descoberto em 4 de outubro de 1501, Dia de São Francisco. Antes, os índios o chamavam de Opará, que quer dizer algo como 'rio-mar'.

Aos poucos, surgiram vilas ao redor do rio, que oferecia peixes e água, e ele tornou-se caminho para barcos que levavam viajantes, comerciantes e produtos. O movimento fez as vilas crescerem e virarem cidades. Hoje, o São Francisco já não é tão usado na navegação, mas garante água, sustento e eletricidade para muitas pessoas.

Rio aventureiro, de Maria Carolina Cristianini. **Planeta Sustentável**, 25 set. 2008. Disponível em: <http://planetasustentavel.abril.com.br/planetinha/natureza/conteudo_planetinha_413214.shtml>. Acesso em: 21 nov. 2014.

Nascente do rio São Francisco, no Parque Estadual da Serra da Canastra (MG), 2013.

● A água consumida nas cidades

Em nosso dia a dia, consumimos a água doce que existe na natureza, nos rios, nos lagos e no subsolo. Essa água pode absorver todas as substâncias presentes no ambiente em que se encontra. Dependendo do tipo e da quantidade de substâncias que a água carregar, seu consumo poderá trazer sérios prejuízos à saúde.

Por esse motivo, antes de ser consumida, toda água precisa passar por tratamento, ou seja, por uma técnica cuja finalidade é reduzir as impurezas nela presentes, principalmente as que são nocivas à saúde.

Para ser tratada, a água é bombeada da represa para uma **estação de tratamento**. Ali ela recebe várias substâncias que vão purificá-la, como o cloro, e passa por vários filtros até se tornar boa para o consumo. Depois, é mantida em reservatórios até ser distribuída nas cidades.

Estação de tratamento de água em Santa Maria (RS), 2013.

Nos lugares onde não há tratamento, deve-se tomar muito cuidado com a água que será ingerida: é preciso fervê-la antes de beber.

Se em sua casa se utiliza água sem tratamento, procure um posto de saúde para receber orientação sobre o assunto.

Atividades

1. Qual é o nome do principal rio do seu município? Se não houver, escreva o nome de um rio importante da região onde você vive.

2. Veja o mapa das regiões hidrográficas abaixo.

Adaptado de: **Atlas geográfico escolar**. 6. ed. Rio de Janeiro: IBGE, 2012. p. 105.

o A qual bacia hidrográfica pertence o rio citado na atividade anterior.

3. Faça uma pesquisa em grupo sobre o rio que você citou na atividade anterior e responda às questões a seguir. Lembre-se de investigar:

   a) Que cuidados o rio tem recebido?

   b) Suas águas estão limpas ou poluídas?

   c) Como estão as margens do rio? Estão cuidadas? Há lixo depositado nelas?

   d) O que acontece com esse rio na época do ano em que chove pouco? E quando há muita chuva?

Capítulo 5 – A hidrografia

4 Leia o texto a seguir sobre um projeto do governo federal para o rio São Francisco.

O desvio do rio São Francisco

Apesar dos inúmeros projetos de irrigação e de perfuração de poços artesianos, o Nordeste ainda sofre muito com as secas ocasionadas pela falta de chuva. No entanto, existe um projeto em discussão, já há bastante tempo, que pretende diminuir o problema da seca no Nordeste. Este projeto é conhecido como transposição das águas do rio São Francisco.

O projeto de transposição do rio São Francisco propõe desviar, por meio de dutos e canos, as águas do Velho Chico, como também é conhecido na região, do seu curso normal, fazendo dessa maneira a irrigação e o abastecimento de outros rios. Esta transposição abasteceria os estados de Pernambuco, Bahia, Paraíba, Piauí, Ceará e Rio Grande do Norte.

Mas o projeto é polêmico, pois não se sabe ao certo qual será o impacto ambiental dessas obras sobre o rio São Francisco.

a) O rio São Francisco passa por seu estado?

....

....

....

....

b) Você já ouviu falar da transposição do rio São Francisco? Com a orientação do professor, você e seus colegas vão participar de um debate sobre esse projeto do governo brasileiro cujas obras iniciaram em 2007.

- Faça uma pesquisa na internet, em revistas, em livros ou com adultos de sua família para conhecer um pouco desse plano que pretende transferir parte das águas do São Francisco para outros rios e para açudes.

- Tente registrar o que haveria de positivo e de negativo na proposta. Lembre-se do impacto e das consequências boas e ruins para o ambiente, para os animais e para as pessoas que vivem na região.

5 Por que, do mesmo modo que a água sustenta a vida, ela também pode destruí-la?

....

....

6 O que é preciso fazer com a água antes de consumi-la?

....

....

....

7 Que cuidado é preciso ter nas regiões onde a água não é tratada?

....

....

....

....

8 Pesquise e registre nas linhas abaixo.

a) Por que se acrescenta cloro à água?

....

....

b) Em seu município, a água consumida recebe tratamento?

....

....

c) Qual é o nome da empresa responsável por esse trabalho?

....

....

d) Todas as residências recebem água tratada?

....

....

Direito à água

Ter água potável para beber e contar com serviços de ==saneamento básico== é um direito universal, ou seja, de todas as pessoas.

Mas isso ainda não é realidade em muitos países, incluindo o Brasil. Em 2008, a Pesquisa Nacional de Saneamento Básico, realizada pelo IBGE, apontou que em 6,6% dos municípios brasileiros a água fornecida à população não é tratada.

Dados do Instituto Trata Brasil mostram que somente metade da população nacional dispõe de serviço de esgoto e que 2/3 do esgoto gerado no país não recebe tratamento adequado, sendo despejados diretamente no meio ambiente (em rios e mares, por exemplo).

Estação de tratamento de esgoto no Rio de Janeiro (RJ), 2012.

Capítulo 6 — O clima

● A diferença entre tempo e clima

O tempo varia muito num mesmo dia, de um dia para outro, de uma estação do ano para outra e de um lugar para outro. O tempo atmosférico é o estado do ar em determinado momento.

A sucessão das variações do tempo num determinado lugar, durante um longo período, constitui o **clima** desse lugar.

Diversos fatores influenciam e determinam as variações do clima. Elas podem ocorrer por causa dos ventos, da proximidade do mar, das chuvas e da vegetação, além de ser determinadas pela própria localização do lugar no planeta.

Nas montanhas, o clima geralmente é mais frio, por exemplo, do que em locais situados no litoral, que apresentam clima mais quente. Esse é outro fator que influencia o clima – a altitude, ou seja, a altura em relação ao nível do mar.

Neve em região serrana de São José dos Ausentes (RS), 2013.

Praia da Maria Farinha (PE), 2013.

Estações do ano

Você sabe como é o clima nas **estações do ano** aqui no Brasil?

No Brasil, em certos lugares a primavera é uma estação em que o clima é mais ameno e a temperatura se mantém estável (isto é, não se altera).

✱ Primavera no jardim do Parque da Luz, em São Paulo (SP), 2013.

O verão costuma ser mais quente. Nessa época, em muitas localidades brasileiras, costuma chover bastante. Já no outono não faz muito calor nem muito frio. E o inverno, por sua vez, é a estação em que geralmente faz mais frio.

Em certos lugares do Brasil faz calor o ano inteiro. Em outros, entretanto, em algumas épocas o frio é tão forte que chega a nevar.

Verão em Brasília ✱ (DF), 2009.

● O clima e o cotidiano

A vida do ser humano, assim como a dos outros seres vivos, **depende muito do clima**.

Nos lugares onde as chuvas são bem distribuídas durante o ano, as colheitas são boas, e uma grande variedade de espécies vegetais e animais desenvolve-se.

Na região da Amazônia, por exemplo, onde o nível de chuva é bastante alto, há desde muitas árvores e plantas menores até peixes, insetos e outros animais.

Área de açude prejudicada pela falta de chuvas no município de Dom Pedrito (RS), 2011.

Já nos lugares onde quase não chove, os agricultores muitas vezes correm o risco de perder sua plantação. Nessas terras, para garantir boas colheitas eles precisam realizar investimentos em irrigação, consumindo água subterrânea ou armazenando-a nos períodos de chuva, para poder usá-la nos tempos difíceis.

Irrigação de plantação em Serra Negra (SP), 2013.

Saiba mais

O que pode modificar o clima?

A Terra apresenta climas diferentes. O clima depende de muitos fatores. As regiões próximas às costas são mais quentes e úmidas que as do interior. As zonas elevadas, como as montanhas, tendem a ser mais frias, porque o ar, menos denso, retém menos calor. Por outro lado, ali chove mais, justamente porque **faz mais frio**. As regiões situadas em torno do equador são muito quentes, porque os raios do sol incidem diretamente sobre o solo. Ao contrário, perto **dos** polos, eles chegam enviesados, e precisam atravessar uma camada mais grossa da atmosfera; daí porque faz tanto frio lá.

O que é o aquecimento global?

O aquecimento global é o aumento da temperatura média da superfície **da** Terra, por causa do crescimento do efeito estufa, que mantém o calor em **torno** da Terra. O fenômeno leva às modificações no clima, no nível dos oceanos e no volume de chuvas. As atividades humanas que utilizam a queima do **carvão** ou do petróleo aumentam a produção de dióxido de carbono, que levam **ao** aumento do efeito estufa na atmosfera. As árvores absorvem o dióxido de **carbono**, mas o desmatamento leva ao aumento do dióxido de carbono na atmosfera. A quantidade de gases do efeito estufa aumentou em mais de 25% desde o início da Era Industrial. Pensa-se que a temperatura média da superfície **da** Terra poderá elevar-se de 3,5% a 10% em 2100.

A evolução da Terra. Blumenau: Todolivro, 2010.

O aumento da emissão de dióxido de carbono na atmosfera aumenta o efeito estufa.

Atividades

1 Leia com atenção os textos a seguir.

> **O que é o tempo?**
>
> Se pensarmos no sentido histórico, o tempo é o passar das horas, a duração dos acontecimentos.
>
> Já o tempo atmosférico está relacionado ao estado do ar num instante qualquer.
>
> Quando pensamos nas condições meteorológicas de um local em determinado momento, estamos falando de **tempo**. O tempo pode variar bastante num único dia: amanhecer com muito sol e calor, depois ficar nublado e, à noite, chover e fazer frio.
>
> **O que é o clima?**
>
> Neste exato momento, Porto Alegre, Rio de Janeiro e Belém registram temperaturas diferentes. Muito provavelmente, o frio na capital do Rio Grande do Sul é mais intenso do que no Rio de Janeiro e faz mais calor em Belém do que nessas outras duas cidades. Isso é influência do **clima**.
>
> O clima define a temperatura média em diferentes épocas do ano, o regime de chuvas, a vegetação e até o tipo de ocupação humana.
>
> **Será que vai chover?**. Disponível em: <www.cptec.inpe.br>. Acesso em: 30 nov. 2010. (Texto adaptado).

- Com base nos textos, explique com suas palavras a diferença entre **tempo** e **clima**.

....

....

....

....

....

2 Observe a seguir o mapa de previsão do tempo para as capitais do Brasil, publicado no jornal **Folha de S.Paulo**, em 9 de junho de 2011, e responda às questões.

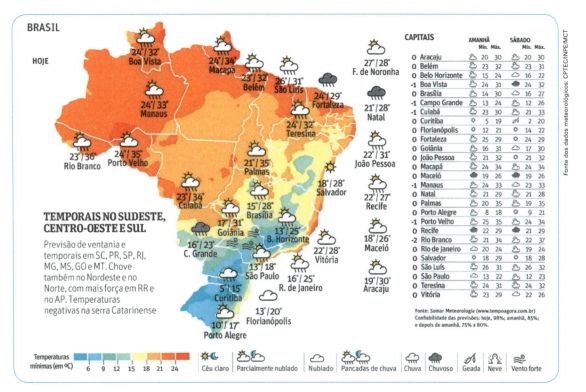

a) Que tempo estava previsto para a capital de seu estado nesse dia?

....

b) Em que capitais o tempo ficaria nublado?

....

c) Para quantas capitais foi previsto tempo chuvoso?

....

d) Para quais capitais estava previsto céu claro?

....

e) Em que capitais haveria pancadas de chuva?

....

....

....

3 Converse com um colega sobre as questões abaixo. Complete os espaços com base nas conclusões a que vocês chegaram.

a) No lugar onde você mora, durante a maior parte do ano:

◯ faz calor.

◯ faz frio.

b) O clima é:

◯ mais seco.

◯ mais úmido.

c) Em relação às chuvas:

◯ há uma época em que costuma chover mais.

◯ elas são bem distribuídas ao longo do ano.

4 Desenhe, no espaço abaixo, como está o tempo em seu município hoje.

5 Observe o mapa dos principais tipos de clima do Brasil e leia a legenda.

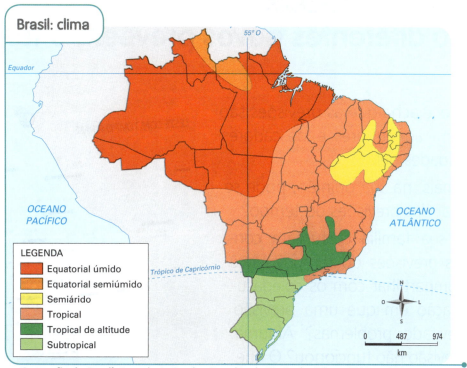

Geografia do Brasil, Jurandyr L. Sanches Ross (Org.). São Paulo: Edusp, 2001. p. 109.

 o Agora faça o que se pede oralmente.

a) Segundo o mapa, qual é o clima predominante no seu estado?

b) Existe algum outro tipo de clima no seu estado? Qual?

o Circule no quadro abaixo a descrição do clima de seu estado:

> **Clima equatorial úmido**: quente e chuvoso, varia pouco durante o ano. Temperaturas médias acima de 25 °C.
> **Clima equatorial semiúmido**: muito parecido com o anterior, porém menos chuvoso.
> **Clima semiárido**: quente e seco. Chove muito pouco e ocorrem longos períodos de estiagem, em geral durante mais de oito meses. Temperaturas médias acima de 25 °C.
> **Clima tropical**: apresenta uma estação seca que dura de quatro a cinco meses ao ano (de abril a setembro). Temperatura média de 20 °C.
> **Clima tropical de altitude**: semelhante ao anterior, com a diferença de que, como ocorre em regiões de maior altitude, as temperaturas médias ficam em menos de 20 °C.
> **Clima subtropical**: as temperaturas médias são de 20 °C para baixo e as chuvas são bem distribuídas ao longo do ano.

o Suas respostas na atividade 3 e a descrição que você circulou no quadro são parecidas? Por quê? Converse com seus colegas.

O tema é...
Como diferentes povos preveem o tempo

- Como você acha que as previsões são úteis para agricultores e pescadores nas atividades deles?
- Quem mais, na sua opinião, pode se beneficiar das previsões do tempo?
- Você e sua família costumam consultar as previsões do tempo? Você pode compartilhar com os colegas uma situação em que uma previsão tenha evitado problemas? Alguma vez a previsão não funcionou? O que aconteceu?

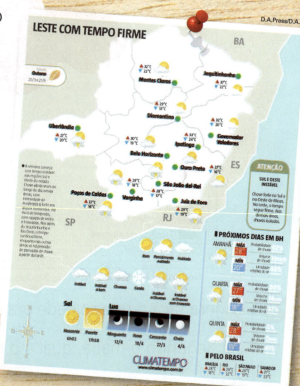

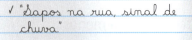
Liusa/Shutterstock/Glow Images

✓ "Sapos na rua, sinal de chuva."

✓ "Gaivotas em terra, tempestade no mar."

✓ "Cabras tossindo e espirrando, o tempo está mudando."

✓ "Asas abertas no galinheiro, sinal de aguaceiro."

- Como esses animais nos dão pistas da mudança do tempo? Você alguma vez observou esses animais nas situações descritas? Aconteceu realmente uma mudança no tempo?
- Você conhece outros ditados populares para a previsão do tempo?

Os profetas da chuva são pessoas que observam a natureza e realizam previsões do tempo, principalmente na zona rural da região Nordeste do Brasil. Desde 1996, o Encontro Anual dos Profetas da Chuva acontece na cidade de Quixadá no Ceará nos segundos fins de semana de janeiro.

- Os profetas da chuva, assim como os meteorologistas, observam a natureza para prever o tempo. Qual é, na sua opinião, a diferença entre o trabalho deles?
- Você já conheceu alguma pessoa capaz de prever o tempo?

Capítulo 7 — A vegetação

Vegetação natural é o conjunto de plantas que nascem e crescem naturalmente em uma região sem ter sido plantadas pelas pessoas. As sementes são espalhadas pelo vento, pela água das chuvas e dos rios e também pelos animais.

Os tipos de vegetação estão relacionados ao clima, ao tipo de solo e ao relevo de cada lugar.

No Brasil

Os principais tipos de vegetação do Brasil, atualmente, são: as matas e florestas, os campos, o cerrado, a caatinga, a vegetação pantaneira e a vegetação litorânea.

As **matas** e **florestas** são formadas por árvores altas, que geralmente crescem bem próximas umas das outras.

A **floresta Amazônica** é uma das mais importantes do mundo, pois abriga enorme variedade de espécies de plantas e de animais. Ela depende do calor e das chuvas constantes, e sua vida está associada à dos rios da região.

Grande parte da floresta é frequentemente inundada pelas águas desses rios. Nas partes não inundadas fica a mata de terra firme, onde estão as árvores mais altas, com mais de 50 metros de altura.

Interior da floresta Amazônica (AM), 2013.

A **mata Atlântica** abriga grande diversidade de espécies de árvores que só crescem nesse tipo de floresta.

Em 1500, a mata Atlântica estendia-se de ponta a ponta no nosso litoral. Mas ela foi sendo devastada e hoje ocorre principalmente na serra do Mar e na serra da Mantiqueira.

Trecho de mata Atlântica na serra do Mar (SP), 2013.

A **mata de Araucárias**, ou **mata dos Pinhais**, aparece principalmente no Sul do Brasil, onde há chuvas bem distribuídas ao longo do ano e as temperaturas são mais baixas.

Como o próprio nome da floresta diz, nela predominam as araucárias, árvores grandes que chegam a 50 metros de altura, com folhas estreitas e duras, que crescem em galhos bem abertos. Sua semente, o pinhão, é comestível.

Por aparecer num solo muito fértil (a terra roxa), que consequentemente é ocupado e usado para a agricultura, a mata de Araucárias hoje existe apenas em pequenas áreas.

Mata de Araucárias (SC), 2012.

A **mata dos Cocais** é constituída de palmeiras, com predominância do babaçu e menor ocorrência da carnaúba, dos quais são extraídas matérias-primas para a produção de óleo, cera, sabão e fibras, por exemplo. Ocorre principalmente nos estados do Maranhão e Piauí.

Mata dos Cocais (MA), 2013.

Os **campos**, ou **pampas**, são uma vegetação formada principalmente por plantas rasteiras, como o capim e a grama. Às vezes, aparecem algumas árvores isoladas, perto de rios ou riachos. Trata-se de uma vegetação típica do Sul do Brasil muito adequada para a criação de gado.

Atualmente, grande parte dos campos originais foi substituída pelas plantações ou pastagens. É preciso atenção para distinguir os campos naturais daqueles que foram plantados depois da derrubada da mata original, para alimentar o gado das fazendas.

Região de campos (RS), 2013.

Cerrado (TO), 2013.

O **cerrado** é formado por campos com árvores baixas, de tronco retorcido e casca grossa, que crescem afastadas umas das outras. Em alguns trechos, a mata pode se tornar mais densa do que a paisagem comum nessas áreas. O cerrado ocupa terras planas em várias regiões do centro do Brasil, onde existem muitos riachos, rios e cachoeiras.

Há grandes áreas de cerrado ameaçadas, pois também estão sendo ocupadas pela agricultura.

A **caatinga** ocorre na região de clima semiárido. É formada de arbustos e pequenas árvores, em geral com folhas espinhosas, característica que serve como defesa contra a seca, pois essas folhas ajudam as plantas a reter melhor a água necessária para sua sobrevivência.

Há também algumas espécies de plantas que conservam água em seu interior e são usadas como alimento pelos animais dessas regiões, servindo-lhes em épocas mais secas como único meio de sustento.

Os galhos secos e as poucas folhas (que as plantas perdem durante a longa estação seca) são próprios dessas regiões, onde quase não chove.

Caatinga (PE), 2013.

✳ Vegetação pantaneira (MT), 2013.

A **vegetação pantaneira**, ou **vegetação do Pantanal**, mistura cerrado, campos e florestas. Ocorre exclusivamente no Pantanal. Por três meses do ano, na estação das chuvas, a maior parte das terras permanece coberta pela água.

Nela vivem inúmeras espécies de aves e outros animais do Pantanal brasileiro.

A **vegetação litorânea** brasileira é composta de restingas e manguezais (ou mangues).

As **restingas** são um tipo de vegetação formada por gramíneas, arbustos, palmeirinhas, pitangueiras, coqueiros e outros tipos de plantas de fácil fixação no solo arenoso das praias. Elas foram quase totalmente destruídas pela ocupação humana, mas ainda existem algumas áreas preservadas e usadas para estudo.

✳ Área de restinga (PA), 2013.

Os **manguezais** podem ser encontrados em várias partes do litoral brasileiro, como no fundo de baías e na foz de rios, onde há solos lamacentos, ou seja, nos trechos onde o solo é uma espécie de lama mole e escura.

São importantes para o meio ambiente, porque neles se abrigam e se reproduzem diversos animais marinhos, o que garante vida a uma grande diversidade de espécies animais.

Área de mangue (AL), 2013.

A importância da vegetação

A vegetação, independentemente de suas características, é muito importante para a reprodução da vida animal.

Os constantes desmatamentos para extração de madeira, as queimadas e a transformação das florestas em áreas de pastagens, assim como a destruição dos mangues e as construções irregulares, que acabam com a vegetação de restinga, vêm prejudicando, em todo o mundo, o desenvolvimento e a preservação da vida vegetal.

A conscientização sobre a importância dos diferentes tipos de vegetação para a preservação da vida na Terra (o que inclui a vida das sociedades humanas) e uma mudança radical em nossas atitudes são os únicos caminhos para o equilíbrio do ambiente em que vivemos.

Atividades

1. Observe os mapas abaixo.

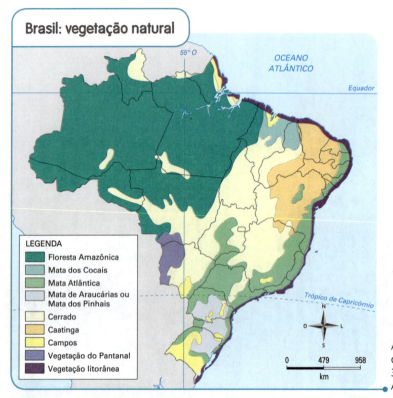

Adaptado de: **Geoatlas**, de Maria Elena Simielli. 34. ed. São Paulo: Ática, 2013. p. 120.

Adaptado de: **Geoatlas**, de Maria Elena Simielli. 34. ed. São Paulo: Ática, 2013. p. 121.

- Agora responda às questões.

    a) A vegetação natural de seu estado se encontra razoavelmente preservada ou a maior parte já foi substituída? Por quê?

    ....
    ....
    ....

    b) Ainda existem áreas onde a vegetação natural de seu estado está preservada? Pesquise e explique por quais motivos ela está preservada ou por quais motivos foi devastada.

    ....
    ....
    ....
    ....

    c) Em relação à mata Atlântica, que mudanças ocorreram? O que é possível fazer para tentar mudar essa situação?

    ....
    ....
    ....
    ....
    ....

2) Imagine que você trabalha em uma agência de viagens e quer promover uma excursão para alguma região do Brasil. Faça um cartaz divulgando algumas características dessa região, em relação ao clima, à hidrografia, ao relevo e à vegetação local. Destaque as qualidades da região ou sua importância ambiental.

Capítulo 8 — Mudanças na paisagem

Observe algumas paisagens do Brasil.

* Cachoeira em Santana do Riacho (MG), 2013.

* Cidade de Belo Horizonte (MG), 2013.

Você percebe a interferência humana em alguma das fotos acima?

As paisagens apresentam diferentes intensidades de transformação humana. Em algumas paisagens, predominam **elementos naturais**; em outras, são os **elementos construídos** que se destacam.

Os principais elementos naturais das paisagens, como você já aprendeu, são as formas que modelam a superfície da terra (o relevo), as águas, a vegetação, o ar (atmosfera) e os animais.

Os elementos construídos resultam do trabalho das pessoas, que transformam a natureza e utilizam seus recursos.

● Modificações nas paisagens pela ação humana

O ser humano, buscando melhorar suas condições de vida, modifica a paisagem de acordo com suas necessidades.

Ele constrói casas e edifícios; túneis; avenidas; barragens para represar as águas dos rios; canais de irrigação para levar a água de um lugar para outro; pontes e viadutos; aterros em praias e lagoas para obter mais espaço; fábricas.

Além disso, o ser humano:

- aproveita as quedas-d'água dos rios para a instalação de usinas hidrelétricas;

*Usina hidrelétrica de Salto Grande, no rio Paranapanema, na divisa entre os estados de São Paulo e Paraná, 2013.

- retira minérios do solo;

*Extração de minério de ferro em Itabira (MG), 2014.

- faz plantações para obter alimento e pastagem para os animais, entre outras alterações.

Plantação de manga em Petrolina (PE), 2012.

As consequências da ação humana

Muitas vezes, o ser humano faz modificações que destroem a natureza e afetam o desenvolvimento da região.

A derrubada de árvores sem que haja **reflorestamento** e a poluição de rios e mares são exemplos de ações humanas que podem trazer sérias consequências para a natureza, prejudicando o próprio ser humano e os outros seres vivos do planeta.

Área desmatada próxima ao município de Caracaraí (RR), 2012.

Poluição nas águas do rio Ponte do Galo, em Belém (PA), 2014.

● A ação dos fenômenos naturais

Além dos seres humanos, também as chuvas, o vento, a água dos rios e dos mares provocam modificações na natureza. Veja alguns casos.

A água das chuvas pode desgastar um terreno, deixando-o mais baixo. A força da água leva pedaços de terra, folhas e sementes para outros lugares, transformando as paisagens.

O vento age como uma vassoura, "varrendo" a superfície dos terrenos e levando os detritos (terra e restos de animais e vegetais) de um lugar para outro.

Erosão causada por chuvas em Iporangaí (SP), 2012.

Dunas são montes de areia móvel, formados pela ação do vento. Nessa foto podem ser vistas dunas nos Lençóis Maranhenses (MA), 2012.

A água do mar, ao bater por um tempo em determinado terreno, também retira dele resíduos e pedaços de terra e os leva para outro(s) lugar(es).

Erosão causada pelo mar em Icapuí (CE), 2014.

Atividades

1 Entreviste uma pessoa que vive há bastante tempo no município onde você mora para saber as respostas das seguintes perguntas.

a) Quais modificações foram feitas pelo ser humano no município nos últimos anos?

....

b) A vegetação foi modificada? Onde? Como?

....

c) Foram erguidas muitas construções? Quais?

....

d) Foram abertas estradas e construídos viadutos e pontes? Onde?

....

e) Procure saber se, na opinião da pessoa entrevistada, as modificações feitas na paisagem foram boas ou ruins para a população e para a própria natureza.

2 Leia o texto a seguir.

> Os brasileiros gostam de aproveitar uma praia bonita recheada de coqueiros e casas de pescadores. Divertem-se nadando nas cachoeiras, pequenos riachos e nos grandes rios. Afinal, nós, brasileiros, somos privilegiados pela extensão de nosso território. O litoral, as florestas, os campos, planaltos e planícies no Brasil são espaços que conquistam a todos que valorizam a natureza, pela sua beleza e exuberância.
>
> **Vistas e paisagens do Brasil**, de Nereide Schilaro Santa Rosa. Rio de Janeiro: Pinakotheke, 2005.

○ Que tal você e seus colegas confeccionarem um álbum intitulado "Vistas e paisagens do Brasil"? Vale desenhar, pintar, colar gravuras, postais e o que mais sua criatividade permitir.

3) Você já sabe que a fotografia é um documento. Vamos fazer uma leitura desse tipo de documento? Observe as fotos.

Praia de Copacabana, no Rio de Janeiro (RJ), cerca de 1890.

Praia de Copacabana, no Rio de Janeiro (RJ), 2013.

a) Descreva a paisagem das fotos.

....

....

....

....

....

b) Que mudanças você observou na praia de Copacabana?

....

....

c) O que permaneceu na praia de Copacabana?

....

....

d) Quais são os elementos que caracterizam a ação humana na paisagem da foto 2?

....

Ideias em ação

Construindo um anemômetro

A força do vento pode ser medida por um equipamento chamado anemômetro.

Material necessário

- dois quadrados de papel-cartão de mais de 15 cm de largura
- uma embalagem grande de poliestireno (usada para transportar frios e carne)
- uma agulha de tricô
- um prego de 6 cm
- fita adesiva
- tubo de caneta esferográfica (retirar a parte interna)
- cola
- compasso
- quatro prendedores de roupa
- lápis de cor e canetinhas coloridas
- tesoura sem pontas

Como fazer

1. Trace a figura mostrada na ilustração sobre o papel-cartão. Utilize as medidas indicadas para traçar os círculos conforme ilustrado.

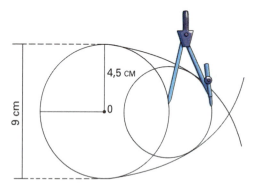
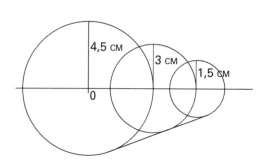

2. Recorte a figura formada pelo contorno dos três círculos e use-a como molde para o avião. Com esse mesmo molde, recorte o outro papel-cartão e a embalagem de poliestireno.

3. Cole os aviões de papel-cartão: um pedaço do poliestireno deve ficar no meio, entre os aviões. Depois, decore o avião.

4. Desenhe em um papel a graduação de 1 a 9, como indicado na ilustração. Em seguida, cole-a no avião.

5. Cuidadosamente enfie a agulha de tricô na parte do avião feita de poliestireno. Peça a um adulto que fure o avião lateralmente com o prego – ele deve alargar um pouco o buraco para que o avião possa girar livremente.

6. Trace sobre a outra parte da embalagem de poliestireno a forma indicada na ilustração ao lado com linha tracejada. Depois, recorte-a.

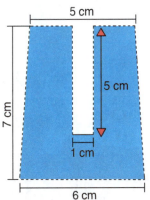

7. Fixe no prego a peça confeccionada na etapa 6 – utilize para isso a fita adesiva. Em seguida, pendure os prendedores de roupa.

8. Coloque a agulha de tricô dentro do tubo da caneta. Pronto, seu anemômetro já pode começar a registrar a força do vento.

Atividade adaptada de: **Méga Expériences**. Paris: Nathan, 1995. p. 146-147.

UNIDADE 3

A população e as atividades econômicas

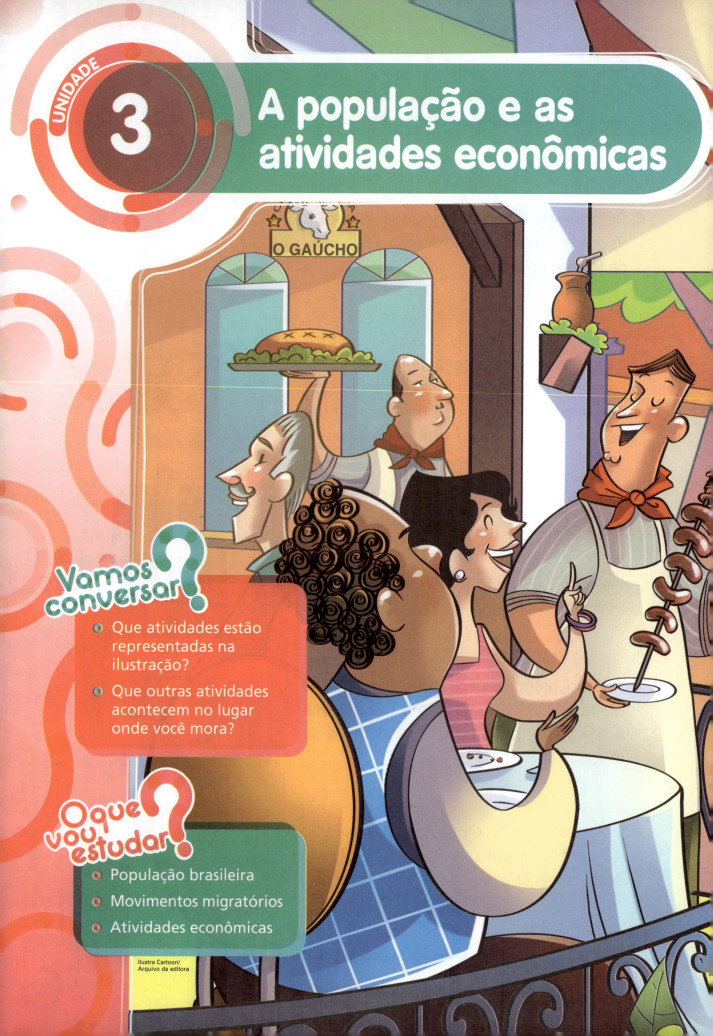

Vamos conversar?

- Que atividades estão representadas na ilustração?
- Que outras atividades acontecem no lugar onde você mora?

O que vou estudar?

- População brasileira
- Movimentos migratórios
- Atividades econômicas

Ilustra Cartoon/
Arquivo da editora

Capítulo 9 — A população

A população é o conjunto de todas as pessoas que moram em um lugar. Os moradores da cidade formam a população urbana, e os moradores do campo, a população rural.

Muitas pessoas moram no mesmo município desde que nasceram, enquanto outros vieram de municípios, estados ou países diferentes.

No Brasil, a cada dez anos é realizada uma pesquisa nacional para obter dados detalhados a respeito da população. Essa pesquisa é chamada de **censo demográfico**.

O último censo foi realizado em 2010, pelo Instituto Brasileiro de Geografia e Estatística (IBGE). De acordo com esse censo, no Brasil, éramos, em 2010, cerca de 191 milhões de habitantes. Em 2014, as estimativas do IBGE indicavam uma população de pouco mais de 203 milhões de pessoas.

Agora veja o número de pessoas que viviam em cada estado brasileiro e no Distrito Federal no ano de 2014.

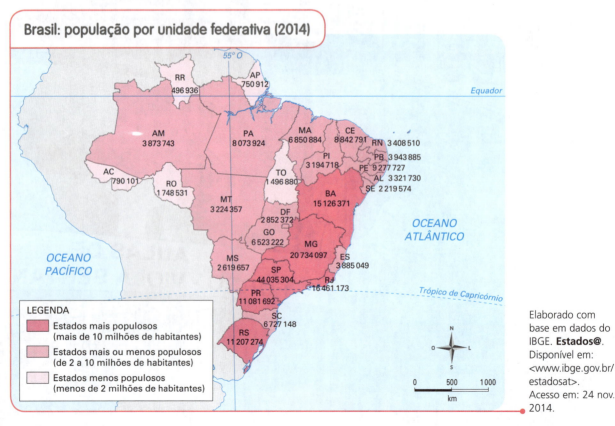

Elaborado com base em dados do IBGE. **Estados@**. Disponível em: <www.ibge.gov.br/estadosat>. Acesso em: 24 nov. 2014.

E no mundo existem hoje mais de 7 bilhões de pessoas. Você sabe quais são os países mais populosos?

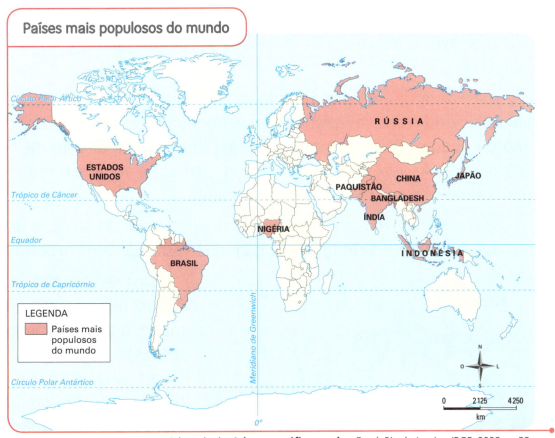

Adaptado de: **Atlas geográfico escolar**. 5. ed. Rio de Janeiro: IBGE, 2009. p. 32.

País	População (2010)
China	1 339 724 852
Índia	1 241 500 000
Estados Unidos	313 100 000
Indonésia	242 300 000
Brasil	190 755 799
Paquistão	176 700 000
Nigéria	162 500 000
Bangladesh	150 500 000
Rússia	142 800 000
Japão	126 500 000

Geoatlas, de Maria Elena Simielli. São Paulo: Ática, 2013. p. 12-17.

● Os movimentos migratórios

Entre as pessoas que você conhece, quem migrou para o seu município, isto é, quem não nasceu nele, mas mudou-se para ele e aí mora há muito tempo?

E seus pais, avós e bisavós? Eles nasceram no mesmo município onde moram hoje?

As pessoas saem de seu local de origem por diversos motivos, como perseguição política ou religiosa, guerras, secas frequentes e prolongadas, clima muito frio ou quente. Quase sempre procuram um novo lugar com melhores condições de vida. Às vezes planejam ficar um período e voltar para seu local de origem, outras vezes se mudam definitivamente.

As pessoas são chamadas de **emigrantes** quando saem do seu país de origem para viver em outro e de **imigrantes** quando se estabelecem em outro país.

Nos séculos XVIII e XIX, o Brasil recebeu um número muito grande de imigrantes. Esses estrangeiros que vieram para nosso país contribuíram, com seu trabalho, para o desenvolvimento de diversos municípios.

Família de russos-alemães no vale do rio Krauel (SC), 1929.

Migrando dentro do país

As pessoas que se deslocam dentro do próprio país são chamadas de **migrantes**. Elas podem sair do próprio município ou estado para viver em outro município ou estado.

No Brasil, há cerca de 30 milhões de pessoas que vivem fora de seu estado de origem, segundo o Censo demográfico de 2010. Elas buscam quase sempre um trabalho e melhores condições de vida.

Moderno atlas geográfico, de Graça Maria Lemos Ferreira. 5. ed. São Paulo: Moderna, 2011. p. 29.

Atividades

1 Observe o mapa da página 210. Depois complete e assinale o que se pede.

a) O estado mais populoso do Brasil é ...., e o menos populoso é ....

b) De acordo com os dados do mapa, vivem no seu estado .... habitantes.

c) Seu estado está classificado entre:

○ os mais populosos.

○ os menos populosos.

○ os mais ou menos populosos.

d) Seu estado, em relação aos demais estados de sua região, é:

○ o mais populoso.

○ o menos populoso.

○ um dos mais populosos.

○ um dos menos populosos.

Capítulo 9 – A população

2) Observe este gráfico com o professor.

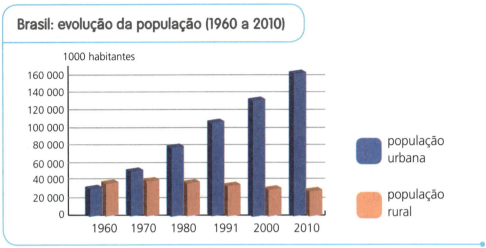

Disponível em: <www.censo2010.ibge.gov.br>. Acesso em: 13 maio 2011.

o Quais são as principais informações que o gráfico nos transmite?

....

....

....

3) Este é o mapa do estado do Paraná dividido em municípios.

Organizado com base em: <www.cidadao.pr.gov.br>. Acesso em: 30 nov. 2010.

- Observe alguns dados sobre a população dos municípios destacados no mapa:

Curitiba
Área: 435 km²
Pessoas residentes: 1 746 896
Pessoas residentes na área urbana: 1 746 896
Pessoas residentes na área rural: 0

Iguatu
Área: 107 km²
Pessoas residentes: 2 233
Pessoas residentes na área urbana: 1 435
Pessoas residentes na área rural: 795

Cascavel
Área: 2 091 km²
Pessoas residentes: 286 172
Pessoas residentes na área urbana: 270 009
Pessoas residentes na área rural: 16 163

Fonte: IBGE. **Resultado dos dados preliminares do Censo 2010**.

- Agora responda às perguntas.

a) Qual dos três municípios tem área maior?

....

b) Qual dos três tem a maior população residente?

....

c) Qual é a população rural de Curitiba? Por que você acha que isso acontece?

....

....

....

....

....

....

Capítulo 9 – A população

4 Faça uma pesquisa na biblioteca da escola, consulte pessoas mais velhas ou converse com seu professor e responda às questões.

a) Como é composta a população do município onde você mora?

....

....

b) No município onde você mora, há migrantes vindos de outros estados ou imigrantes (pessoas vindas de outros países)? De onde eles vieram?

....

....

c) E você, sempre viveu no mesmo município?

....

5 Pesquise com seus familiares se eles ou os ascendentes deles vieram de outros estados ou países.

a) Procure saber de onde vieram, quando chegaram e os motivos que os levaram a migrar.

....

....

....

b) Pergunte também o que eles perceberam de diferente nos lugares onde foram morar e como foi a adaptação ao novo local.

....

....

....

c) Depois, compare suas respostas com as dos colegas.

....

....

....

Capítulo 10 — As principais atividades econômicas

Você sabe onde são produzidos o arroz e o feijão, alimentos de grande valor nutritivo consumidos pela maioria dos brasileiros?

O ser humano desenvolve sua força de trabalho em diversas atividades econômicas. Veja algumas delas:

- **Agricultura**: atividade praticada na área rural; é o trabalho de preparar o solo, plantar e colher.

- **Pecuária**: atividade praticada na área rural; é o trabalho de criar o gado e cuidar dele.

Agricultores trabalhando em plantação de erva-mate em Concórdia (SC), 2012.

Criação de gado em Palmas (TO), 2013.

- **Pesca**: atividade da indústria extrativa; é praticada nos municípios banhados pelo mar e onde há rios, lagos e lagoas.

- **Mineração**: atividade da indústria extrativa; é a extração (retirada) de minérios do solo ou do subsolo (camada abaixo do solo) nos municípios onde há riquezas minerais.

Pescadores em São Cristóvão (SE), 2012.

Área de extração de ouro em Poconé (MT), 2013.

- **Indústria**: atividade desenvolvida principalmente na área urbana; é o trabalho de extrair matérias-primas e de transformá-las em outros produtos, por isso a indústria pode ser extrativa ou de transformação.

- **Comércio**: atividade exercida principalmente na área urbana; é a troca, a compra ou a venda de produtos.

Tanto as atividades econômicas da área rural como as da área urbana são responsáveis pelo desenvolvimento econômico do município.

Indústria automobilística em Resende (RJ), 2014.

Loja no Rio de Janeiro (RJ), 2013.

Saiba mais

A atividade artesanal

Há milhares de anos os seres humanos fabricam coisas. Primeiramente faziam tudo com as próprias mãos; mais tarde inventaram as máquinas, que trabalhavam melhor e mais depressa, dando origem às fábricas e depois às grandes indústrias.

Ainda hoje algumas pessoas trabalham em casa na confecção de chocolates, pães, doces, roupas, sapatos, toalhas, joias, entre outros produtos. São os **artesãos**.

Em algumas regiões do Brasil, a economia gira em torno do artesanato.

A feira de artesanato de Belo Horizonte (MG) mobiliza uma grande quantidade de artesãos e de compradores, 2011.

● Agricultura

A **agricultura** é o trabalho de cultivar a terra (ou seja, preparar o solo, adubar, semear, cuidar da plantação, combater pragas e doenças e colher), produzindo matérias-primas e alimentos para o consumo das pessoas e de outros animais.

Quem trabalha na agricultura é chamado de **agricultor** ou **lavrador**.

O agricultor cultiva produtos agrícolas como arroz, feijão, café, algodão, milho, cana-de-açúcar, verduras, frutas e legumes.

A agricultura depende do tipo de solo e do clima. É do solo que as plantas retiram os nutrientes, ou seja, aquilo de que necessitam para se desenvolver.

Conhecer os tipos de solo e clima adequados para cada vegetal é extremamente importante para quem deseja plantar.

A semeadura é a distribuição de sementes sobre o solo para germinar. Semeadura em Paulínia (SP), 2010.

A cana-de-açúcar, por exemplo, é uma planta que se desenvolve melhor em climas quentes e úmidos; já o trigo se adapta melhor aos climas mais frios.

Plantação de cana-de-açúcar em São Gonçalo do Abaeté (MG), 2014.

Plantação de trigo em Manoel Viana (RS), 2014.

Como cultivar a terra

Para obter uma boa colheita, o agricultor precisa preparar bem o solo e tomar alguns cuidados no plantio.

Cuidados com o solo

- Colocar a quantidade necessária de adubo para fertilizar o solo.
- Arar o solo, remexendo a terra para que ela fique preparada para o plantio.
- Irrigar o solo quando ele for muito seco.
- Drená-lo, retirando o excesso de água, quando ele for muito úmido.
- Em terrenos inclinados, plantar em curvas de nível, para que a água das chuvas não carregue grandes quantidades de solo. Plantar em curvas de nível é o mesmo que cortar (sulcar) ou dividir um terreno inclinado em andares ou fatias de relevo.
- Evitar as queimadas.

Cuidados no plantio

- Escolher o produto agrícola adequado ao tipo de clima e de solo.
- Selecionar muito bem as sementes e as mudas.
- Fazer o plantio na época certa.
- Controlar o uso de agrotóxicos no combate às pragas, para não causar problemas ao meio ambiente e ao próprio ser humano.

Atividades

1 Responda às seguintes questões:

a) Quais são as principais atividades praticadas na área rural?

....

b) Quais são as principais atividades desenvolvidas na área urbana?

....

2 Converse com o professor e os colegas e responda às questões abaixo.

a) O que é uma atividade econômica?

....

....

b) Qual é a diferença entre indústria extrativa e de transformação?

....

....

3 Pesquise, converse com o professor e responda às perguntas.

a) Quais são as principais atividades econômicas desenvolvidas em seu município?

....

b) Alguma dessas atividades está relacionada com as características físicas de seu município: relevo, vegetação, clima ou hidrografia?

....

c) A distribuição da população entre a área urbana e a rural em seu município está relacionada a alguma dessas atividades? Por quê?

....

....

Capítulo 10 – As principais atividades econômicas

4 Assinale apenas as informações corretas.

a) ◯ A cana-de-açúcar se desenvolve melhor em lugares de clima quente e úmido.

b) ◯ O uso excessivo de agrotóxicos na agricultura causa problemas ao meio ambiente e ao ser humano.

c) ◯ Para obter uma boa colheita, não se deve usar adubo.

d) ◯ Todos os solos são iguais.

e) ◯ O trigo se adapta melhor aos lugares de clima mais frio.

5 Observe a reprodução da pintura.

Colheita de algodão, óleo sobre madeira de Candido Portinari, 1948.

a) O que as pessoas estão fazendo?

_____

b) Que atividade econômica essa tela está retratando?

_____

c) Imagine o que as pessoas vão fazer com o algodão que colheram. Troque ideias com seus colegas.

_____

_____

● Pecuária

A **pecuária** é o trabalho de criar animais e cuidar do gado, para o fornecimento de carne, leite, couro e lã.

As pessoas que trabalham na pecuária chamam-se **peões**, **vaqueiros**, **retireiros**, **pastores** e **pecuaristas**. Elas cuidam dos animais desde a procriação e o parto dos filhotes até o momento da venda ou do abate.

Há diferentes tipos de gado: **bovino** (bois e vacas); **suíno** (porcos); **caprino** (cabras e bodes); **ovino** (ovelhas e carneiros); **asinino** (asnos, jumentos e burros); **muar** (mulas); **bufalino** (búfalos).

Criação de ovelhas. Criação de bovinos.

Os animais necessitam de cuidados: alimentação adequada, vacinas contra doenças, bons pastos, viver em lugares limpos e também de um veterinário que cuide da saúde deles.

Produtos da pecuária

A criação de animais fornece vários produtos, que podem ser consumidos ao natural ou transformados pela indústria:

- a carne, utilizada na alimentação, pode ser consumida ao natural ou transformada em outros produtos, como a salsicha, a linguiça, a mortadela e o presunto;
- os ossos são utilizados para fabricar objetos (como botões e pentes) e para alimentar alguns animais;
- o couro é utilizado para fabricar bolsas, sapatos e cintos, por exemplo;
- o leite é utilizado ao natural ou para fabricar manteiga, queijo, iogurte e outros derivados.

Atividades

1. Observe o mapa das atividades agropecuárias do estado da Bahia.

Adaptado de: **Atlas geográfico ilustrado**, de Graça Maria Lemos Ferreira e Marcello Martinelli. 4. ed. São Paulo: Moderna, 2012. p. 36.

- Com base nas informações que o mapa apresenta, responda às questões.

    a) O que você entende por atividades agropecuárias?

    b) Quais são os principais tipos de gado da pecuária baiana?

    c) Quais são os principais produtos da agricultura baiana?

    d) Quais produtos são cultivados no litoral?

2. Se você não mora na Bahia, faça, em grupo, uma pesquisa sobre as principais atividades agropecuárias de seu estado. Se você mora na Bahia, escolha outro estado para fazer a pesquisa.

Pesca

A **pesca** é uma atividade praticada no mar, nos rios, nos lagos e nas lagoas.

As pessoas que trabalham na pesca são chamadas de **pescadores**. Na pesca comercial, os animais são retirados em grandes quantidades. Para isso, são utilizadas a rede tradicional, a tarrafa, o curral de peixes ou os pescadores fazem o arrastão.

A **tarrafa** é uma rede pequena, usada por um só pescador. Ela tem chumbo (bolinhas de metal pesado) nos lados e uma corda no centro. O pescador joga a tarrafa aberta na água para depois retirá-la fechada, já com os peixes dentro.

O **curral de peixes** é um cercado feito com varas e cordas. Os peixes entram na área cercada, trazidos ou empurrados pelas correntes de água, mas não conseguem sair dali por causa da posição das varas e cordas.

Pesca com tarrafa em Pirapora (MG), 2012.

Curral de peixes em São João de Pirabas (PA), 2013.

Arrastão é o ato de recolher do mar uma rede de pesca. Como ela é muito grande, em geral é usada por grupos de pescadores.

Há também a **pesca em alto-mar** (em alguns casos, em grandes rios), com as redes puxadas por barcos e navios.

Alguns pescadores usam o próprio barco, outros trabalham para companhias nacionais ou estrangeiras, que possuem barcos modernos e bem aparelhados e utilizam técnicas de pesca avançadas.

A criação de peixes controlada pelo ser humano, em tanques, açudes, lagos ou represas, com a finalidade de comercialização, chama-se **piscicultura**.

● **Mineração**

A extração de minérios do solo ou do subsolo chama-se **mineração**.

Há vários tipos de minério, como o ouro, a prata, o ferro, o cobre, o alumínio, o petróleo, o sal.

Esses minérios são utilizados para fabricar vários produtos, como joias, utensílios, máquinas e carros, entre outros. Veja alguns exemplos:

Anel de diamante.

Panela de ferro.

As pessoas que trabalham na mineração chamam-se **mineiros** ou **garimpeiros**.

A atividade de mineração, se realizada de forma responsável, pode gerar melhores condições de vida às pessoas que vivem da extração de minérios, além de causar menos impacto ao meio ambiente. O ideal, no caso da mineração, é que o dinheiro arrecadado por meio de impostos seja investido no desenvolvimento de outras áreas econômicas que possam ser fontes de renda para os garimpeiros, pois a mineração esgota-se quando não há mais minérios a serem explorados.

Corrida do ouro

Após o ciclo de mineração nos séculos XVII e XVIII, o Brasil viveu na década de 1980 uma nova corrida do ouro. Ela aconteceu em Serra Pelada, região localizada no estado do Pará.

Com a descoberta de ouro no local, Serra Pelada rapidamente se tornou o maior garimpo a céu aberto do mundo. Muitas pessoas que buscavam melhorar de vida migraram para a região, que chegou a ter mais de 30 mil habitantes. Em 1981, no auge da produtividade do garimpo, cerca de 10 toneladas de ouro foram extraídas. As más condições de trabalho, a falta de infraestrutura adequada nas minas e os conflitos na região ocasionaram a diminuição da qualidade de vida no local e, consequentemente, a morte de muitas pessoas.

Depois de poucos anos de extração, a produção começou a declinar, até ser paralisada em 1992. A exploração provocou grandes impactos ambientais: onde antes existia um morro, agora há uma cratera. Além disso, muitos rios da região foram contaminados. Apesar de as minas estarem desativadas, estima-se que nelas ainda existam minérios.

Serra Pelada (PA), 1982.

1 Complete com as palavras do quadro.

> minérios   alto-mar   garimpeiros
> tarrafa   joias   pesca

A .... é uma atividade econômica praticada por muitos moradores de cidades litorâneas, ou que vivem próximo a rios. Ela pode ser praticada com instrumentos como a ...., quando utilizada por apenas um pescador, ou grandes redes, quando a pesca é em ....

Os .... exploram o solo e o subsolo em busca de ...., que podem ser usados na produção de ...., por exemplo. Quanto mais raros, mais valiosos se tornam.

2 Se no seu estado se pratica a pesca, procure descobrir:

a) onde a pesca é praticada (no mar, em rios, lagos ou lagoas);

b) quais são os métodos usados;

c) quais são os peixes mais comuns.

d) Acrescente outras informações que você achar interessantes sobre o assunto.

 o Compartilhe suas descobertas com a turma.

● Indústria

Indústria é a atividade econômica que reúne diferentes etapas num mesmo processo. A indústria recolhe material da agricultura, da pecuária ou da própria natureza para, em seguida, transformá-los nos mais diversos produtos, muitas vezes fabricados em grandes quantidades. Segundo essas etapas, podemos dividir a atividade industrial em dois tipos: a indústria extrativa e a de transformação.

Indústria extrativa

A **indústria extrativa** é a que retira ou extrai os produtos da natureza, os chamados **recursos naturais**.

Conforme a origem dos recursos naturais, a indústria extrativa pode ser animal, vegetal ou mineral.

A caça e a pesca são atividades da indústria extrativa **animal**.

A derrubada de árvores, como o cedro e o pinheiro, para a obtenção de madeira é uma atividade da indústria extrativista **vegetal**.

A retirada de ouro e diamantes dos garimpos ou de minérios do solo e do subsolo é uma atividade da indústria extrativa **mineral**.

Pesca em trecho do litoral próximo a Natal (RN), 2011.

Corte de árvore com auxílio de motosserra, em Paragominas (PA), 2014.

Extração de bauxita, em Paragominas (PA), 2014.

Indústria de transformação

A **indústria de transformação** é aquela que transforma as matérias-primas em produtos industrializados.

Matéria-prima é todo produto obtido da agricultura, da pecuária ou da indústria extrativa que é utilizado para a fabricação de outros produtos.

O látex, por exemplo, extraído da seringueira, é a matéria-prima utilizada para fabricar borrachas, pneus, fios de tecido, entre outros.

A transformação de matérias-primas em produtos industrializados é feita, em geral, nas fábricas. O uso de máquinas e equipamentos possibilita obter uma produção em série (ou seja, em grandes quantidades).

Há vários tipos de indústria de transformação: alimentícia, têxtil, farmacêutica, de calçados, de bebidas, de materiais elétricos, entre outras.

* Produtos feitos do látex.

Atividades

1) Escreva **V** quando a afirmativa for verdadeira e **F** quando for falsa.

○ A pesca é uma atividade da indústria extrativa animal.

○ A indústria de transformação comercializa as matérias-primas sem alterá-las.

○ Quando o ser humano extrai madeira do pinheiro e minério das rochas está realizando uma atividade da indústria extrativa vegetal.

○ A extração de minérios das rochas é uma atividade da indústria extrativa mineral.

2) Explique, com suas palavras, o que é:

a) indústria extrativa: ....

b) indústria de transformação: ....

c) matéria-prima: ....

....

3) Releia o último parágrafo da página anterior, pesquise em enciclopédias e dicionários e responda: que tipo de indústria de transformação fabrica os produtos abaixo?

a) remédios: ....

b) lâmpadas e fios elétricos: ....

c) tecidos: ....

d) alimentos: ....

4 Releia o texto "A atividade artesanal", da página 219, e depois observe a foto.

Novo Airão (AM), 2009.

o Agora, responda às questões.

a) Como se chama a atividade que está sendo praticada?

....

b) Como se chama a pessoa que pratica essa atividade?

....

c) Qual é a diferença entre essa atividade e a atividade industrial?

....

....

d) Em seu estado ou município, é comum encontrar pessoas que praticam atividades desse tipo? Cite alguns exemplos.

....

5 O que você sabe sobre os tipos de indústria que existem em seu estado?

o Faça uma pesquisa e responda às perguntas a seguir.

a) Que tipos de indústria de transformação existem em seu estado?

b) Existe algum tipo de indústria extrativa em seu estado? Qual?

● Comércio

Pessoas fazendo compras em feira de Viçosa (MG), 2013.

Comércio é a compra, venda ou troca de mercadorias.

Pelo comércio, as pessoas adquirem os produtos da agricultura e da pecuária, bem como os que são transformados e fabricados pela indústria.

O comércio feito entre dois países é chamado de **comércio exterior**. Ele pode ser de exportação (quando um país vende seus produtos para outro) e de importação (quando o país compra produtos).

O Brasil exporta, por exemplo, calçados, café e cacau para países estrangeiros e importa, entre outras coisas, máquinas.

● Prestação de serviços

Chamam-se **prestação de serviços** as atividades econômicas que não produzem nem comercializam mercadorias. São atividades baseadas nas habilidades e nos conhecimentos de determinados profissionais, como médicos, coletores de lixo, advogados, profissionais de salões de beleza, etc.

Serviço de coleta de lixo em Arcoverde (PE), 2013.

Atividades

1 Faça uma lista de alguns dos produtos consumidos em sua casa.

- Agora escolha um deles, pesquise e responda oralmente às questões.

   a) De onde vem esse produto?

   b) Como ele foi transportado até o estabelecimento comercial?

2 Relacione cada palavra do quadro a uma das figuras.

taxista   carteiro   dentista

Saiba mais

Serviços públicos

A coleta de lixo, os serviços de saúde e segurança, o abastecimento de água e a iluminação das ruas são alguns serviços prestados pelo governo à sociedade.

De onde vem o dinheiro para realizar esses serviços?

Todos os cidadãos pagam ao governo taxas e impostos que são usados, entre outras coisas, para os **serviços públicos**. Por isso todos nós temos direito a serviços públicos eficientes e de qualidade. E temos o dever de ajudar a zelar por eles.

O tema é...
Consumo e suas consequências ambientais

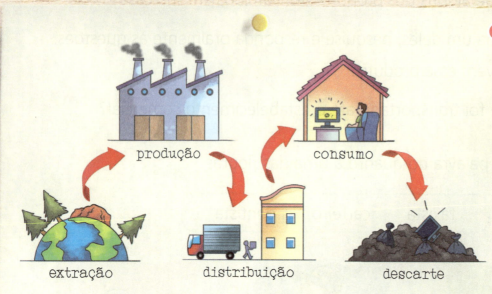

* O ciclo de vida dos eletrônicos mostrado na figura revela que esses produtos têm uma vida útil, ou seja, são "projetados para serem jogados fora".

Fonte: The Story of Stuff Project. Disponível em: <http://storyofstuff.org>. Acesso em: 27 mar. 2015.

- O que você acha que significa dizer que o computador foi "planejado para ser jogado fora"?
- Algum aparelho eletrônico da sua casa já parou de funcionar? Ele pôde ser consertado? O que foi feito do aparelho?
- Na sua casa existem baterias de celular e outras partes que não servem para os novos aparelhos?

- Você tem um celular? É o seu primeiro aparelho?
- Você sabe quantas vezes seus pais já trocaram de celular? Os telefones não tiveram conserto ou foram trocados por um modelo mais moderno?
- O que foi feito dos aparelhos antigos?

Em 2010, os brasileiros trocavam de celular a cada 6 ou 7 anos. Em 2015, a cada 1 ano e 1 mês.

- Como é o consumo de energia elétrica na residência representada na ilustração? O que poderia ser feito para que essa família consumisse menos eletricidade?
- Você e sua família costumam fazer algo para **reduzir** o consumo de energia elétrica? O quê?

- O que você vê nas fotos? Que materiais foram utilizados?
- Você e sua família costumam **reutilizar** potes que iriam para o lixo? Como eles são reutilizados na sua casa?
- Que outros materiais podem ser reutilizados? Qual foi a ideia mais interessante que você já viu para uso de recicláveis? Compartilhe com os colegas.

Ideias em ação

Construindo objetos de papel

A atividade artesanal tem um grande destaque em algumas comunidades.

Vamos aprender a seguir a elaborar de forma artesanal dois objetos feitos de papel.

Bracelete de papel

Material necessário

- cola
- tesoura sem pontas
- tira de papel (se possível, aproveite embalagens)

Como fazer

1. Recorte uma tira de papel de 20 cm × 3 cm. Faça três cortes como indicado na ilustração. Você pode decorar cada lado da tira com cores e desenhos diferentes.

2. Dobre a tira nos locais indicados na ilustração. Depois, gire-a.

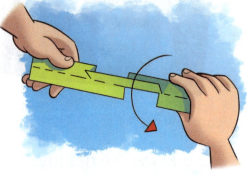

3. Cole as pontas da tira.

O efeito te surpreendeu?

Fita de Möbius

Material necessário

- uma tira de papel de 40 cm × 4 cm
- tesoura sem pontas
- cola
- canetinha colorida

Como fazer

1. Gire a fita e cole as duas pontas.

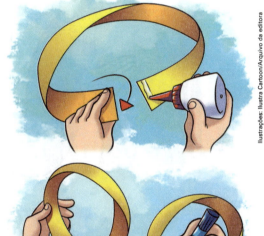

2. Com a canetinha, tente colorir apenas um lado da fita. É possível?

3. Trace uma linha no meio da tira. Recorte-a. O que aconteceu?

4. Trace uma linha próximo a uma das laterais da fita. Recorte-a. Compare o resultado com a etapa anterior.

Atividade adaptada de: **Méga Expériences**. Paris: Nathan, 1995. p. 170-171.

UNIDADE 4
Os meios de transporte e os meios de comunicação

Ilustra Cartoon/Arquivo da editora

Vamos conversar?
- Como os personagens da ilustração estão se comunicando?
- Que outros meios de comunicação você conhece?

O que vou estudar?
- Meios de transporte terrestres, aéreos e aquáticos
- O trânsito
- Meios de comunicação

Capítulo 11 — Os meios de transporte

Os **meios de transporte** são utilizados para levar as pessoas e as mercadorias de um lugar para outro.

Os transportes facilitam a vida das pessoas e contribuem para o desenvolvimento econômico.

Os meios de transporte podem ser:

- **terrestres**: trem, automóvel, ônibus, metrô, caminhão, bicicleta, motocicleta, carroça;
- **aéreos**: avião, helicóptero;
- **aquáticos**: navio, barco, lancha, jangada, balsa.

Para que esses meios sejam usados é necessário que haja vias de circulação e de apoio, como rios e mares, rodovias, ferrovias, estações rodoviárias e ferroviárias, portos e aeroportos.

Transportes terrestres

Transportes terrestres são aqueles realizados nas ruas, avenidas, estradas e ferrovias (também chamadas de estradas de ferro).

Para que eles sejam eficientes, são necessárias:

- boas estradas de ferro e de rodagem (as estradas de asfalto);
- estações rodoviárias (de onde saem e aonde chegam os ônibus) e ferroviárias (de onde saem e aonde chegam os trens) bem aparelhadas.

Nas grandes cidades, ônibus, trens e metrôs são os meios de transporte mais utilizados.

Em municípios grandes e populosos, como Rio de Janeiro e São Paulo, o trem urbano e o metrô se destacam por transportar uma grande quantidade de pessoas ao mesmo tempo.

O veículo leve sobre trilhos, conhecido como VLT, é um meio de transporte ferroviário. No Ceará, a via férrea que liga as cidades de Crato e Juazeiro do Norte é a primeira no Brasil a contar com um VLT. Diversas cidades brasileiras têm estudos de implantação desse meio de transporte, que se destaca por ser muito eficiente no gasto de energia. Foto de 2010.

Saiba mais

Pedalando com segurança

A bicicleta também é um meio de transporte terrestre. Se você gosta de andar de bicicleta, precisa tomar cuidados como: conhecer e respeitar as regras de trânsito; conservar a bicicleta sempre em bom estado; usar equipamentos de segurança, como capacete, joelheira, entre outros.

Pedalar faz bem à saúde e é uma alternativa aos transportes que poluem o ar.

● Transportes aéreos

Transportes aéreos são aqueles realizados pelo ar.

Para que eles sejam eficientes, são necessários aeroportos (para os aviões) e heliportos (para os helicópteros) bem aparelhados.

✱ helicóptero

● Transportes aquáticos

Os **transportes aquáticos** podem ser **marítimos** (utilizados no mar); **fluviais** (utilizados nos rios); ou **lacustres** (utilizados nos lagos e lagoas).

Para que os transportes aquáticos sejam eficientes, são necessários portos bem aparelhados.

O porto de Manaus está localizado às margens do rio Negro. Após ter passado por reformas e modernização, transformou-se no maior porto flutuante do mundo.

No Rio de Janeiro, o transporte de passageiros na Baía de Guanabara ✱ faz a ligação dos municípios do Rio de Janeiro e Niterói, assim como com as ilhas de Paquetá e do Governador. Foto de 2010.

Atividades

1 Complete as lacunas com as palavras do quadro.

> asfaltadas   meios de transporte   cavalo   mercadorias
> boas condições   carros   vias de circulação
> carro de boi   pessoas   ônibus

a) .... ligam as cidades por onde passam os .... levando .... e ....

b) Antigamente, as estradas eram de terra, estreitas e esburacadas, e muitos percursos levavam horas e até dias para ser feitos. Utilizavam-se, nessa época, ... ou ....

Atualmente, ... e .... permitem que os percursos em estradas de rodagem sejam feitos em tempo bem menor. Mas para que isso aconteça as estradas devem ser .... e estar em ....

2 Ônibus, metrô e trem são meios de transporte coletivos. Em seu município as pessoas utilizam muito ou pouco os meios de transporte coletivos? Em sua opinião isso é bom ou ruim para o meio ambiente?

....
....
....

3 No município onde você vive existem problemas de transporte? Se sim, quais?

....
....
....

4 Em seu município existem rodovias, ferrovias, aeroportos e portos? Quais são os mais utilizados pela população? Quais você já utilizou?

_____

5 Converse sobre as perguntas abaixo com seus colegas e o professor.

a) Qual é o meio de transporte mais utilizado em seu município?

b) Como é esse meio de transporte?

c) Ele costuma funcionar bem?

6 Observe o mapa abaixo e leia a legenda.

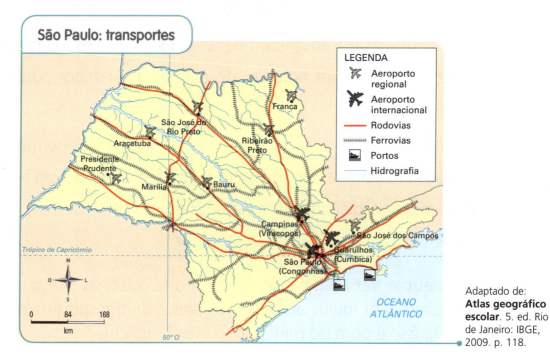

Adaptado de: **Atlas geográfico escolar**. 5. ed. Rio de Janeiro: IBGE, 2009. p. 118.

- Agora complete as frases.

a) Esse mapa representa o estado de _____.

b) As informações representadas no mapa são: _____
_____.

c) O estado indicado no mapa tem _____ aeroportos, sendo _____ deles internacionais.

d) Nesse estado, predominam os meios de transporte _____ e
_____.

Capítulo 11 – Os meios de transporte

7 O mapa a seguir mostra a rede de transportes no Brasil. Responda às perguntas abaixo com base nele.

Adaptado de: **Geoatlas**, de Maria Elena Simielli. São Paulo: Ática, 2010. p. 118.

a) Em que região há mais vias de transporte aquáticas?

....

b) Você sabe o nome de uma rodovia importante do seu estado? Escreva o nome abaixo e depois tente localizá-la no mapa.

....

c) Essa rodovia passa pelo seu município?

....

● O trânsito

O **trânsito** é o movimento de pedestres (pessoas) e de veículos (carros, ônibus, caminhões, motos) nas ruas, avenidas e estradas.

Para orientar os pedestres e os veículos e evitar acidentes, existem os sinais de trânsito: o semáforo, as faixas de segurança e as placas de sinalização.

Semáforo

O **semáforo** para veículos geralmente tem três cores: vermelho, amarelo e verde. Alguns só possuem duas cores: vermelho e verde.

Semáforo para veículos

O vermelho indica: **PARE!**

O amarelo indica: **ATENÇÃO!**

O verde indica: **SIGA!**

O semáforo para pedestres apresenta duas cores: vermelho e verde. O vermelho indica que não devemos atravessar a rua, enquanto o verde indica que podemos atravessá-la.

Semáforo para pedestres

Faixas de segurança

Os pedestres devem atravessar na faixa de segurança para sua proteção. Belo Horizonte, 2014.

As **faixas de segurança** (ou **de pedestres**) são listras brancas pintadas no chão das ruas. Elas alertam os motoristas de veículos para que tenham cuidado e diminuam a velocidade ou parem, pois por ali podem estar passando pessoas a pé. Usando essas faixas, os pedestres atravessam a rua com maior segurança.

Placas de sinalização

Há grande variedade de **placas de sinalização**, cada uma com um significado. Observe:

Proibido trânsito de bicicletas

Sentido obrigatório

Proibido tráfego de caminhões

Área escolar

Proibido estacionar

Os guardas de trânsito também ajudam a orientar os motoristas e os pedestres.

Atividades

1) Complete o texto, indicando como os personagens podem utilizar os sinais de trânsito em seu itinerário.

Para chegar até a escola, Raquel, Luciano e Davi têm de atravessar algumas ruas. Eles não correm perigo, pois sabem que...

....
....
....
....
....
....
....
....
....
....
....
....

2) Observe a sinalização de trânsito ao redor de sua escola. Depois, pense nas questões a seguir e debata com os colegas.

a) A região ao redor de sua escola é bem sinalizada? Existe alguma rua ou local perigoso para os alunos?

b) Existem semáforos para carros e pedestres e faixas de segurança nos locais necessários?

c) Há um guarda de trânsito disponível para ajudar os alunos?

○ Se preciso, apresentem à direção da escola sugestões para aumentar a segurança dos alunos.

Capítulo 11 – Os meios de transporte

3 Leia o texto abaixo.

Quem inventou o automóvel?

Henry Ford tinha um sonho. Desde que construíra o seu primeiro automóvel, em 1896 – um tipo de bicicleta com um motor de dois cilindros –, sonhava em fabricar um automóvel com motor que fosse acessível ao homem comum. Dizia: "Construirei um automóvel com motor para a grande multidão...

Ford modelo T, de 1908.

Terá um preço tão baixo que nenhum homem com um bom ordenado ficará privado de o possuir, e de gozar com a família horas de prazer nos grandes espaços abertos criados por Deus.".

Durante anos, o sonho de Ford de fabricar o "carro para o povo" continuou por realizar. Fundou a Ford Motor Company em Detroit, em 1903, produzindo nove modelos diferentes durante os primeiros anos. Alguns eram dispendiosos, mas a maioria tinha um preço modesto. No entanto, eram fabricados em quantidades pequenas e em grande parte construídos à mão por artesãos experientes, como acontecia com os concorrentes de Ford, entre os quais o Oldsmobile e o Cadillac.

Em 1908, Ford apresentou o veículo que transformaria a indústria do automóvel e a forma como as pessoas viajavam: o modelo T, conhecido por "Tin Lizzie", ou "Lizzie de Lata". Era um automóvel utilitário e simples, mas feito de materiais resistentes.

Grandes acontecimentos que transformaram o mundo.
Rio de Janeiro: Reader's Digest Brasil, 2000.

 o Converse com os colegas e o professor e responda às perguntas a seguir.

a) Você considera a invenção do automóvel importante? Por quê?

b) Você acha que o sonho de Ford se realizou? Por quê?

c) No município onde você mora o trânsito é muito intenso?

d) Os motoristas costumam dirigir em alta velocidade em seu município?

O tema é...
A responsabilidade no trânsito

O desrespeito aos sinais de trânsito é algo muito sério e causa graves acidentes na cidade e nas estradas.

- Além dos sinais de trânsito, que regras de trânsito é importante o motorista respeitar para evitar acidentes?
- Quando você anda de carro ou ônibus, você presta atenção ao que o motorista faz no trânsito? Que coisas erradas você já observou? O que aconteceu?

- E quem anda a pé, que cuidados deve ter no trânsito?
- Algum adulto já explicou a você como funciona a sinalização para pedestres? Compartilhe seus conhecimentos com os colegas.

Placa em rodovia de Teresópolis (RJ), 2012.

A Holanda é um país famoso pelo uso de bicicletas como meio de transporte. Fotografia de 2008.

Em 2014, foi inaugurada no país uma ciclovia que brilha no escuro em homenagem ao quadro *Noite estrelada*, de Van Gogh, pintor holandês. Fotografia de 2015.

- Você e sua família costumam andar de bicicleta? Você conhece alguém que utiliza a bicicleta como meio de transporte?
- O município onde você vive tem ciclovias? Muitas pessoas trocam o carro pela bicicleta como meio de transporte?
- Que outros meios de deslocamento podem ser usados em substituição ao carro? Quais as vantagens desses meios para melhorar o trânsito e a vida das pessoas?

Capítulo 12 — Os meios de comunicação

A todo momento nos comunicamos com o mundo e com as pessoas; para isso usamos os meios de comunicação. Eles permitem que as pessoas expressem suas ideias, falem umas com as outras, adquiram conhecimentos, divirtam-se...

Há vários tipos de meios de comunicação, como o rádio, a televisão, o cinema, o teatro, os jornais escritos, as revistas, os livros e o telefone.

O **telefone** permite a comunicação a distância.

A ligação telefônica feita dentro de um município é chamada de local; a ligação feita de um município para outro é a ligação interurbana; e a feita de um país para outro chama-se ligação internacional. Os sistemas de Discagem Direta a Distância (DDD) e de Discagem Direta Internacional (DDI) permitem ligações interurbanas nacionais e internacionais com grande facilidade.

O **fax** é um equipamento que reproduz documentos a distância, por meio de linha telefônica. Consiste em um aparelho que tanto transmite quanto recebe imagens e textos de outro aparelho de fax, imprimindo uma cópia dessas imagens e textos em papel. O fax vem sendo substituído por *e-mails* com imagens digitalizadas, mas ainda é utilizado entre empresas.

A **telefonia celular** permite que a comunicação seja feita entre pessoas dos locais mais distantes do planeta sem a necessidade de fios. Os aparelhos celulares mais modernos reproduzem mensagens de texto e *e-mails* instantâneos, além de terem as funções rádio, TV e internet, por exemplo.

Década de 1980   Década de 1990   Década de 2000

● A carta

A **carta** é uma forma de comunicação escrita (ou impressa), endereçada a uma ou a várias pessoas.

Para a correspondência chegar a seu destino, é necessário preencher o envelope corretamente, isto é, escrever o nome e o endereço do destinatário (pessoa para quem a correspondência está sendo mandada), acompanhados do Código de Endereçamento Postal (CEP) para que os Correios se organizem e localizem mais facilmente os locais para onde as cartas são enviadas. É preciso também colocar no envelope os dados do remetente (pessoa que está enviando a correspondência). Veja um exemplo de envelope preenchido:

A internet

A grande revolução das comunicações veio por meio do computador. Hoje, no mundo, ele se tornou indispensável para um grande número de pessoas, sobretudo por agilizar e aperfeiçoar a divulgação da informação e o funcionamento das atividades em empresas, órgãos governamentais, bancos e estabelecimentos comerciais.

A **internet** é a rede que liga computadores do mundo inteiro. Ela facilita as comunicações escrita e falada em tempo real entre as pessoas; permite acessar diversas informações e "navegar" por variados *sites* – locais virtuais ou eletrônicos em que se abrem páginas de texto e imagem. Acessando-os, é possível, por exemplo, visitar museus e bibliotecas de todo o planeta.

A internet possibilita acesso a conteúdos que informam e divertem as pessoas.

Diversos aplicativos de mapas instalados nos celulares utilizam a internet para fornecer orientação nos deslocamentos.

No Brasil, a internet tem crescido cada vez mais, principalmente entre os jovens. As pessoas podem usá-la para entrar em salas de bate-papo, fazer pesquisas, editar imagens e fotos, entre muitas outras coisas.

A internet possibilita às pessoas enviarem mensagens por **e-mail**, correio eletrônico pelo qual se encaminham fotos, imagens, documentos e outros tipos de texto, utilizando computadores, celulares e *tablets*.

Em razão da exigência de rapidez das conversas e mensagens digitadas no teclado dos computadores, surgiu uma linguagem própria da internet.

Os usuários de *sites* da internet fazem uso de uma linguagem própria de comunicação.

Outra novidade trazida pela internet é a comunicação por meio de câmeras que, ligadas a um computador, transmitem imagens em tempo (quase) real.

Em algumas situações e lugares, para usar o telefone, o fax ou a internet, são necessários satélites artificiais, que ficam no espaço, em torno da Terra. Eles recebem e transmitem, no mesmo momento em que estão acontecendo, sons e imagens de todo o mundo.

Satélite Artemis, 2003.

Atividades

1 Os jornais escritos, além de trazer informações atualizadas, são também boas fontes de consulta. Quase todos os países do mundo têm seus jornais.

o Observe a foto:

Primeira página do suplemento infantil Diarinho, do jornal **Diário de Pernambuco**, de 19 de fevereiro de 2011.

o Procure o suplemento infantil de algum jornal a que você tenha acesso (pode ser um jornal do país ou um de sua região). Depois, responda às seguintes perguntas:

a) Qual é o nome do suplemento infantil?

....

b) Quando foi publicado? Em que município?

....

c) Copie a manchete e o texto que resume a matéria de capa.

....

....

d) Qual é a matéria de capa? Explique com suas palavras.

....

....

2 Junte-se a alguns colegas para fazer o seguinte trabalho:

a) Separem a primeira página de um jornal de seu município ou estado.

b) Anotem os principais assuntos do dia, em várias áreas: política, esportes, cultura, meio ambiente.

c) Cada membro do grupo ficará responsável por resumir, por escrito, uma das notícias do jornal.

d) Ao final, vocês deverão expor as notícias para a turma como se fossem apresentadores de um jornal de televisão.

3 Agora vamos conhecer um pouco mais sobre o telefone. Faça uma pesquisa, conversando com seus familiares e vizinhos, e responda às perguntas.

a) Qual é o código de DDD de seu município?

....

b) Que empresas operam esse serviço em seu município? Os serviços funcionam bem? Custam caro ou o preço é justo?

....
....
....
....
....

c) Como uma pessoa deve fazer quando deseja ligar de seu município para outro país?

....
....
....

• Depois, em aula, converse com os colegas e o professor sobre as respostas do item **b**. Não deixe de também manifestar sua opinião.

4 Leia o texto abaixo com o professor e os colegas.

Sem enxergar, elas provam que a vida é brincadeira

As crianças com deficiência visual têm uma vida tão agitada quanto a sua. A diferença é que elas não enxergam.

Experimente colocar uma venda nos olhos e passar o dia inteiro assim. Parece difícil, não é? Mas para elas é natural. [...]

Colegas ajudam na hora do intervalo

Os alunos do Colégio Centenário, em São Paulo, sabem como é ter colegas com deficiência visual na sala de aula. "A Fabiana é um barato, nós rimos a valer com ela", conta Tatiana Siqueira, 10. "Ela faz tudo igualzinho à gente, mas, em vez de escrever com a caneta, ela usa a máquina braile", fala Fernanda Cabral, 11. Elas são colegas de Fabiana dos Santos, que tem deficiência visual. [...]

✽ Desde pequenas, as crianças com deficiência visual aprendem a ler em braile, utilizando o tato. É com a ponta dos dedos que elas aprendem a decifrar combinações de sinais em relevo no papel, que indicam letras, palavras, números.

Quem criou o alfabeto em braile

Louis Braille, inventor do alfabeto em braile, ficou cego aos 5 anos. Aos 15 anos, ele inventou um sistema em que usava seis buracos dentro de um pequeno espaço (as celas). Com esses buracos, é possível fazer 63 combinações diferentes, cada uma indicando uma letra do alfabeto, um número e um sinal de pontuação.

As ferramentas da pessoa com deficiência visual

Reglete: tipo de régua com celas em braile. O papel é colocado entre essa régua e um pedaço de madeira, para fazer os buraquinhos em relevo. Depois, o papel é virado ao contrário para ser lido, da esquerda para a direita.

Punção: é o lápis ou a caneta do deficiente visual. É um pino com ponta de metal afiada.

Máquina braile: é a máquina de escrever das pessoas com deficiência visual, que possui nove teclas. Para digitar, basta fazer as combinações de pontos em relevo, pressionando as teclas. A diferença é que a máquina braile escreve pontinhos em relevo, em vez de letras.

Reglete e punção.

Máquina braile.

Sem enxergar, elas provam que a vida é brincadeira, de Katia Calsavara. **Folha de S.Paulo**, São Paulo, 14 abr. 2001. Folhinha, p. 4 e 6. Disponível em: <http://acervo.folha.com.br/fsp/2001/04/14/32>. Acesso em: 27 nov. 2014. (Texto adaptado).

o Agora responda às questões.

a) O que você achou da vida que levam as crianças com deficiência visual?

b) Você acha que Fabiana se sente bem entre seus colegas que não têm deficiência visual? Por quê?

c) Você gostaria de ajudar um colega com deficiência que frequentasse a escola com você? Como?

Capítulo 13 — A evolução dos meios de comunicação e de transporte

Nos últimos duzentos anos, houve uma grande transformação nos meios que utilizamos para nos deslocar pelo mundo e também naqueles que usamos para nos comunicar com outras pessoas.

Os meios de transporte ficaram mais rápidos e mais acessíveis às pessoas. Isso também ocorreu com os meios de comunicação. Atualmente, temos à nossa disposição formas de comunicação (quase) instantâneas: uma pessoa digita uma mensagem lá no Japão e, em instantes, o destinatário pode ler e responder aqui no Brasil.

Entre as muitas inovações, destaca-se o computador. Ele está modificando nossa forma de utilizar os meios de transporte e de comunicação. Observe os exemplos desta página.

Atividade

o Observe a charge a seguir. Depois, responda às questões.

João Montanaro/Acervo do cartunista

a) O que é Twitter?
....
....

b) O elemento apontado pelo garoto é um "twitter"? Por que ele fez essa confusão?
....
....
....

c) Em sua opinião, qual é a mensagem proposta por João Montanaro, autor da charge?
....
....

Ideias em ação

Construindo um helicóptero de papel

Atualmente o helicóptero é um meio de transporte indispensável nas cidades. Em emergências e acidentes, pode chegar rapidamente ao local e transportar feridos.

Vamos simular o funcionamento de um helicóptero?

Material necessário

- papel duro colorido (se possível, aproveitar embalagem)
- clipe de papel
- tesoura sem pontas
- lápis de cor e canetinhas coloridas

Como fazer

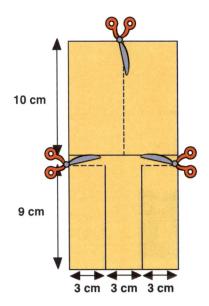

1. Trace sobre o papel a figura indicada na ilustração. Faça cortes na linha pontilhada.

2. Dobre a folha seguindo as linhas tracejadas.

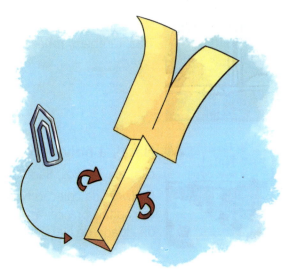

3. Dobre as tiras maiores para formar as hélices. Use o clipe de papel para prender a parte inferior do helicóptero.

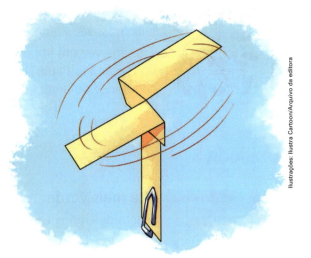

Agora é só lançar o helicóptero no ar, girando-o.

Atividade adaptada de: **Méga Expériences**. Paris: Nathan, 1995. p. 136-137.

Livros

Unidade 1

Vida no campo

Mônica Jakievicius. São Paulo: DCL.

O livro permite ao leitor conhecer o ambiente rural e perceber as ações do ser humano, muitas vezes destrutivas, nesse ambiente. A visão que algumas pessoas têm da área rural às vezes é bastante bucólica. A obra mostra ao leitor que o campo tem problemas ambientais diferentes, mas tão sérios quanto os da cidade.

21 de abril de 1960: Brasília: a nova capital

Nadir Domingues Mendonça. São Paulo: Lazuli.

Neste livro a autora aborda o significado histórico da inauguração de Brasília. Traz, também, reflexões sobre a ideologia em favor da modernização do país.

Natal, a noiva do sol

Clotilde Tavares. São Paulo: Cortez. (Nossa capital).

Os livros da coleção Nossa Capital são um excelente caminho para conhecer as capitais brasileiras. Neste livro, ficamos conhecendo como foi a fundação da cidade de Natal, capital do Rio Grande do Norte, e muitas outras histórias.

São Paulo e o imperador da China

Luiz Bras. São Paulo: Alaúde. (Paralelepípedos).

Era uma vez um imperador chinês maluco que estava com muita vontade de conhecer São Paulo. Mas para isso ele teria de sair do hospício, passar pela segurança do aeroporto e embarcar sem ser percebido.

Unidade 2

Até mais verde: uma fábula do fim do mundo e do começo

Julieta de Godoy Ladeira. São Paulo: Atual. (Todo mundo junto).

Cansados de esperar que o ser humano repare os estragos que fez à natureza, os animais se unem para defender o mundo. Esta fábula, com animais e personagens bastante especiais, dá um recado a quem realmente pode salvar o mundo: as crianças.

Meu 1º Larousse: nosso planeta
São Paulo: Larousse Júnior.

Esta obra pode marcar para sempre o coração das crianças e dos jovens ao falar do que ocorreu com a Terra. E também pode conscientizá-los sobre a necessidade de preservarmos nosso planeta azul, para que esteja sempre belo e povoado pelos milhares de seres que colorem e dão vida a tudo o que conhecemos.

O meio ambiente: por que não devemos jogar papel no chão?
Françoise Rastoin-Faugeron. São Paulo: Ática. (Saúde e bem-estar).

Renato, Lilian e vovô João têm um dia bem divertido no campo e nos ensinam muita coisa, como o que é a poluição e por que devemos separar o lixo, cuidar das árvores e proteger os animais.

O Pantanal
Rubens Matuck. São Paulo: Biruta.

O Pantanal é uma das maiores planícies de sedimentação do mundo. A região apresenta uma fauna rica e diversificada. Pássaros como o colhereiro, o jaburu, o irerê, o cabeça-seca, o martim-pescador, a arara-vermelha e a arara-azul transformam o céu e as matas com seu colorido deslumbrante.

Contos das quatro estações
Flavio de Souza. São Paulo: Scipione (Diálogo Jr.).

Quatro estações, quatro contos. A primavera é uma fada com um leque fazedor de tempestade; o verão é um menino e um gato que late; o outono é um escritor cheio de ideias; e o inverno, uma família de lobos. O livro apresenta possíveis associações entre as estações do ano e os diferentes sentimentos que elas suscitam.

Nina no cerrado
Nina Nazario. São Paulo: Oficina de Textos.

Escrito em forma de cordel, o livro apresenta ao pequeno leitor as características do cerrado e como vivem os animais nesse *habitat*.

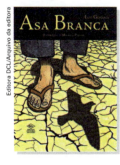
Asa Branca
Luiz Gonzaga. São Paulo: DCL.

A música **Asa Branca** foi inspirada em uma cantiga folclórica. O pássaro é o símbolo da migração, pois, ao pressentir a chegada da seca, voa para longe da caatinga. O livro contém ilustrações preciosas e pode ser um bom ponto de partida para conhecer a vegetação das regiões secas do Nordeste.

Sugestões para o aluno

Sugestões para o aluno

Unidade 3

Luana: a menina que viu o Brasil neném
Aroldo Macedo e Oswaldo Faustino. São Paulo: FTD.

Neste livro você vai conhecer Luana, uma menina que adora lutar capoeira. Entre outras coisas, a obra ensina o valor da nossa cultura e a importância das diferentes raças na formação do povo brasileiro.

Unidade 4

Alberto: do sonho ao voo
José Roberto Luchetti. São Paulo: Scipione. (Literatura & Cia.).

Desde criança, Santos Dumont acreditou que, assim como os pássaros, o ser humano também poderia voar. Mestre em fazer e empinar pipas, o menino Alberto mostrava enorme interesse por máquinas e engenhocas. Depois de crescido, mudou-se para Paris, a fim de estudar mecânica. Lá se dedicou como ninguém a construir suas "máquinas de voar". Do sonho ao voo foi só uma questão de tempo.

O trânsito no mundinho
Ingrid Biesemeyer Bellinghausen. São Paulo: DCL. (O mundinho).

Este livro leva a pensar sobre o que aconteceria se não existissem normas pra organizar o vaivém diário de pedestres, carros, ônibus e outros veículos nas ruas. A obra apresenta dez regras básicas de trânsito, com foco nos pedestres e nas crianças, para ensinar que é preciso conhecer e obedecer às leis de trânsito para evitar acidentes e garantir a segurança.

De carta em carta
Ana Maria Machado. São Paulo: Salamandra.

O livro conta a emocionante história de um avô, José, e seu neto, Pepe. O menino queria ficar brincando em casa em vez de ir à escola. Um dia, tem de escrever uma carta para seu José e se dá conta de que, para isso, precisa de ajuda. Então, pede auxílio a um escrevinhador e acaba aprendendo muito sobre o poder da palavra escrita.

Nós, os cegos, enxergamos longe
Franz-Joseph Huainigg. São Paulo: Scipione. (Igualdade na diferença).

É dia de liquidação de roupas e calçados na cidade. Catarina se perde dos pais na multidão e fica chorando na frente de uma loja. Ninguém parece ver a menina. De repente, um rapaz com deficiência visual chamado Matias se aproxima e se dispõe a ajudá-la. Confusa e admirada, Catarina percebe que, do seu jeito, Matias é capaz de "enxergar" melhor do que muita gente.

Glossário

Adubo (p. 221):

podem servir de adubo tanto resíduos animais e vegetais, como fezes e restos orgânicos (folhas, pedaços de madeira), quanto certas substâncias químicas. O adubo é misturado à terra para fertilizá-la, ou seja, para aumentar sua capacidade produtiva.

Albergue (p. 91):

abrigo, lugar onde são acolhidas pessoas gratuitamente ou mediante baixo pagamento.

Arenoso (p. 196):

cheio de areia ou constituído dela.

Arqueólogo (p. 30):

profissional que estuda a origem da humanidade, sua evolução e suas características por meio de escavações, documentos, monumentos, fósseis e objetos deixados pelos povos antigos.

Árvore genealógica (p. 17):

representação que indica o nome das pessoas que fazem parte das diversas gerações de uma família; recebe esse nome porque lembra o tronco e os galhos de uma árvore.

Ascender socialmente (p. 114):

mudar de classe social, elevar a condição econômica e mudar os laços e a convivência na sociedade.

Baía (p. 23):

uma porção de mar que entra pela terra do continente por uma abertura relativamente larga.

Baía de Guanabara, Rio de Janeiro (RJ).

Bandeirante (p. 88):

participante de expedições armadas (do fim do século XVI até início do XVIII) que desbravavam os sertões para capturar indígenas ou descobrir minas de metais preciosos.

Búrica (p. 15):

no Rio de Janeiro, palavra usada como sinônimo do jogo de bolinha de gude.

Campanhas abolicionistas (p. 106):

movimentos organizados para combater o regime escravocrata no Brasil. Participaram desse movimento jornalistas intelectuais, advogados e estudantes.

Chácaras (p. 142):

pequenas propriedades no campo, próximas da cidade.

Colônia (p. 24):

área explorada por um país com o objetivo de obter lucros, extraindo ou produzindo riquezas nessa área.

Cordilheiras (p. 171):

conjuntos de montanhas altas, alinhadas, que se prolongam em grande extensão.

Descendente (p. 113):

pessoa que é de geração posterior à geração de outro indivíduo (com relação de parentesco) ou que tem origem ligada à determinada etnia (etnia é um grupo humano com traços físicos e culturais comuns).

Desmatamento (p. 74):

desflorestamento; ação de derrubar árvores em grande quantidade destruindo florestas.

269

Glossário

Engenho (p. 78):

estabelecimento agrícola que cultivava a cana e fabricava o açúcar.

Expedição (p. 23):

viagem para estudar, pesquisar e explorar uma região.

Fazenda (p. 10):

grande propriedade rural de lavoura (plantio) ou de criação de gado.

Fluxo (p. 125):

movimento contínuo de algo que segue uma direção determinada.

Granjas (p. 134):

propriedades rurais de pequena atividade agrícola que podem se dedicar à criação de aves.

Irrigação (p. 175):

ato de molhar, regar artificialmente a plantação, com distribuição adequada por todo o terreno.

Nível do mar (p. 168):

as medidas da altura das formas de relevo da superfície da Terra são feitas com base no nível do mar, que se combinou calcular como o nível zero (zero metro).

Obra arquitetônica (p. 24):

obra de arquitetura, como edifícios e outras construções do espaço urbano.

Orixás (p. 114):

divindades cultuadas pelos iorubás, negros africanos que foram escravizados e trazidos para o Brasil.

Reflorestamento (p. 202):

ação de plantar árvores em lugares onde ocorreu desmatamento.

Saneamento básico (p. 181):

conjunto de condições essenciais para a saúde de uma população, como abastecimento de água potável e serviços de esgoto.

Sítios (p. 134):

propriedades agrícolas de pequena ou média lavoura.

Tradição (p. 50):

transmissão de histórias, lendas e costumes de geração em geração.

Tropeiro (p. 90):

condutor de tropas, ou seja, de grupos de animais que levavam carga.

Usinas hidrelétricas (p. 201):

locais que geram energia elétrica por meio de turbinas acionadas por corrente de água.

Vestígio (p. 31):

pista ou sinal que indica que determinada coisa existe ou aconteceu.

Bibliografia

ALENCAR, E. M. S. S. (Org.). *Novas contribuições da psicologia aos processos de ensino e aprendizagem*. 4. ed. São Paulo: Cortez, 2001.

ALMANAQUE Abril. São Paulo: Abril, 2008.

ALMEIDA, R. D. de (Org.). *Cartografia escolar*. São Paulo: Contexto, 2007.

ALMEIDA, T. T. de O. *Jogos e brincadeiras no Ensino Infantil e Fundamental*. São Paulo: Cortez, 2005.

ARRIBAS, T. L. *Educação Infantil:* desenvolvimento, currículo e organização escolar. 5. ed. Tradução de Fátima Murad. Porto Alegre: Artmed, 2004.

BASACCHI, M. *Origem das datas comemorativas*. São Paulo: Paulinas, 2000.

BITTENCOURT, C. (Org.). *O saber histórico na sala de aula*. São Paulo: Contexto, 2001.

BRAGA, M. et. al. *Breve história da ciência moderna:* das máquinas do mundo ao universo-máquina. Rio de Janeiro: Jorge Zahar, 2004.

BRASIL. Ministério da Educação e do Desporto. *Ensino Fundamental de nove anos:* orientações para a inclusão da criança de seis anos de idade. Brasília: MEC/SEB/FNDE, 2006.

_____. Ministério da Educação e do Desporto. *Pró-letramento:* Programa de formação continuada de professores das séries iniciais do Ensino Fundamental. Brasília: MEC/SEB/FNDE, 2006.

_____. Ministério da Educação e do Desporto. Secretaria da Educação Fundamental. *Parâmetros Curriculares Nacionais:* História e Geografia. Brasília: MEC/SEF, 1997.

_____. Ministério da Educação e do Desporto. Secretaria de Educação Fundamental. *Parâmetros Curriculares Nacionais:* temas transversais: Apresentação, Ética, Pluralidade Cultural, Orientação Sexual. Brasília: MEC/SEF, 1997.

_____. Ministério da Educação e do Desporto. Secretaria de Educação Fundamental. *Referencial Curricular Nacional para Educação Infantil*. Brasília, 1998.

BRITO, T. A. de. *Música na Educação Infantil:* proposta para formação integral da criança. São Paulo: Peirópolis, 2003.

BUENO, E. *A viagem do descobrimento:* a verdadeira história da expedição de Cabral. Rio de Janeiro: Objetiva, 1998.

BUSQUETS, M. D. et al. *Temas transversais em educação:* bases para uma formação integral. São Paulo: Ática, 2000.

CALDEIRA, J. et al. *Viagem pela História do Brasil*. São Paulo: Companhia das Letras, 1997.

CAPRA, F. et al. *Alfabetização ecológica:* a educação das crianças para um mundo sustentável. Tradução de Carmen Fischer. São Paulo: Cultrix, 2006.

CASCUDO, L. da C. *Made in Africa*. São Paulo: Global, 2002.

CASTRO, S. *A carta de Pero Vaz de Caminha*. Porto Alegre: L&PM, 1996.

COLL, C.; TEBEROSKY, A. *Aprendendo História e Geografia*. São Paulo: Ática, 2000.

CÓRIA-SABINE, M. A.; LUCENA, R. F. *Jogos e brincadeiras na Educação Infantil*. São Paulo: Papirus, 2004. (Papirus Educação).

COSTA, M. de F.; DIENER, P. *A América de Rugendas:* obras e documentos. São Paulo: Estação Liberdade/Kosmos, 1999.

CUBERES, M. T. G. *Educação Infantil e séries iniciais:* articulação para a alfabetização. Tradução de Cláudia Schilling. Porto Alegre: Artmed, 1997.

CUNHA, N. H. S. *Criar para brincar:* a sucata como recurso pedagógico. São Paulo: Aquariana, 2005.

DEVRIES, R.; ZAN, B.; HILDEBRANDT, C.; EDMIASTON e SALES, C. E. *O currículo construtivista na Educação Infantil:* práticas e atividades. Tradução de Vinicius Figueira. Porto Alegre: Artmed, 2004.

DOW, K.; DOWNING, T. E. *O atlas da mudança climática:* o mapeamento completo do maior desafio do planeta. Tradução de Vera Caputo. São Paulo: Publifolha, 2007.

DUARTE, M. *O guia dos curiosos:* invenções. São Paulo: Panda Books, 2007.

ENCICLOPÉDIA Barsa. São Paulo: Barsa Planeta Internacional Ltda., 2007.

ENCICLOPÉDIA Britânica. *O mundo da criança*. São Paulo/Rio de Janeiro: Encyclopaedia Britannica Publicações, 1995. v. 4, 11, 13 e 16.

ENCICLOPÉDIA do espaço e do Universo. São Paulo: Globo Multimídia, 2000. (Descobrir).

ENCICLOPÉDIA Geográfica e Enciclopédia da Ciência. *História do mundo*. São Paulo: Globo Multimídia, 2005. v. 2 (Descobrir).

Bibliografia

ESTEBAN, M. T. *O que sabe quem erra? Reflexões sobre avaliação e fracasso escolar*. 4. ed. Rio de Janeiro: DP&A, 2006.

FAZENDA, I. C. A. *Dicionário em construção:* interdisciplinaridade. São Paulo: Cortez, 2001.

FILIZOLA, R.; KOZEL, S. *Didática de Geografia. Memória da Terra: o espaço vivido*. São Paulo: FTD, 1996.

GADOTTI, M. *Pedagogia da Terra*. São Paulo: Peirópolis, 2000.

GÂNDAVO, P. de M. *A primeira História do Brasil:* História da Província de Santa Cruz que vulgarmente chamamos Brasil. Rio de Janeiro: Jorge Zahar, 2004.

GARDNER, H. *Mentes que mudam:* a arte e a ciência de mudar as nossas ideias e as dos outros. Tradução de Maria Adriana Veronese. Porto Alegre: Artmed, 2005.

GOULART, I. B. *Piaget:* experiências básicas para utilização pelo professor. Petrópolis: Vozes, 2003.

GUZZO, V. *A formação do sujeito autônomo:* uma proposta da escola cidadã. Caxias do Sul: Educs, 2004. (Educare).

HARRIS, R.; NOLTE, D. L. *As crianças aprendem o que vivenciam*. Tradução de Maria Luiza Newlands Silveira. Rio de Janeiro: Sextante, 2003.

HORTA, C. F. de M. M. *O grande livro do folclore*. Belo Horizonte: Leitura, 2004.

IBGE. *Atlas geográfico escolar*. 4. ed. Ministério do Planejamento, Orçamento e Gestão. Rio de Janeiro, 2007.

KARNAL, L. *História na sala de aula:* conceitos, práticas e propostas. 5. ed. São Paulo: Contexto, 2007.

KOHL, M. F. *Iniciação à arte para crianças pequenas*. Tradução de Roberto Cataldo Costa. Porto Alegre: Artmed, 2005.

KRAEMER, L. *Quando brincar é aprender*. São Paulo: Loyola, 2007.

LUCKESI, C. C. *Avaliação da aprendizagem escolar:* estudos e proposições. 18. ed. São Paulo: Cortez, 2006.

MARZANO, R. J.; PICKERING, D. J.; POLLOCK, J. E. *O ensino que funciona:* estratégias baseadas em evidências para melhorar o desempenho dos alunos. Tradução de Magda Lopes. Porto Alegre: Artmed, 2008.

MAURO, H. *O descobrimento do Brasil*. Rio de Janeiro: Ministério da Cultura/Funarte/Centro Técnico Audiovisual, 1937. (Vídeo).

MEIRELLES FILHO, J. C. *O livro de ouro da Amazônia:* mitos e verdades sobre a região mais cobiçada do planeta. Rio de Janeiro: Ediouro, 2004.

MISSÃO Terra: o resgate do planeta. Agenda 21, feita por crianças e jovens. 3. ed. São Paulo: Melhoramentos, 1997.

MORIN, E. *A cabeça benfeita:* repensar, reformar o pensamento. Rio de Janeiro: Bertrand Brasil, 2001.

_____. *A religação dos saberes:* o desafio do século XXI: jornadas temáticas. Tradução Flávia Nascimento. Rio de Janeiro: Bertrand Brasil, 2002.

PANIAGUA, G.; PALACIOS, J. *Educação Infantil:* resposta educativa à diversidade. Tradução de Fátima Murad. Porto Alegre: Artmed, 2007.

PENTEADO, H. D. *Metodologia do ensino de História e Geografia*. São Paulo: Cortez, 1994.

PERRENOUD, P. et al. *A escola de A a Z:* 26 maneiras de repensar a educação. Porto Alegre: Artmed, 2005.

PETTER, M.; FIORIN, J. L. (Org.). *África no Brasil:* a formação da língua portuguesa. São Paulo: Contexto, 2008.

RUGENDAS, J. M. *Viagem pitoresca através do Brasil*. Belo Horizonte: Itatiaia, 1998.

SCHILLER, P.; ROSSANO, J. *Ensinar e aprender brincando: mais de 750 atividades para Educação Infantil*. Tradução de Ronaldo Cataldo Costa. Porto Alegre: Artmed, 2008.

SCHMIDT, M. A.; CAINELLI, M. *Ensinar História*. São Paulo: Scipione, 2004.

SILVA, A. da C. E. *Um rio chamado Atlântico. A África no Brasil e o Brasil na África*. Rio de Janeiro: Nova Fronteira/Ed. da UFRJ, 2003.

SILVA, J. F. da; HOFFMANN, J.; ESTEBAN, M. T. (Org.). *Práticas avaliativas e aprendizagens significativas:* em diferentes áreas do currículo. Porto Alegre: Mediação, 2003.

SPÓSITO, E. S. *A vida nas cidades*. São Paulo: Contexto, 2001.

TUFANO, D. (Comentários e notas). *A carta de Pero Vaz de Caminha*. São Paulo: Moderna, 1999.

VERÍSSIMO, F. S. et. al. *Vida urbana:* a evolução do cotidiano da cidade brasileira. Rio de Janeiro: Ediouro, 2001.

4º ANO

Material de apoio

Caderno de criatividade e alegria

Goritza/Shutterstock/Glow Images

editora scipione

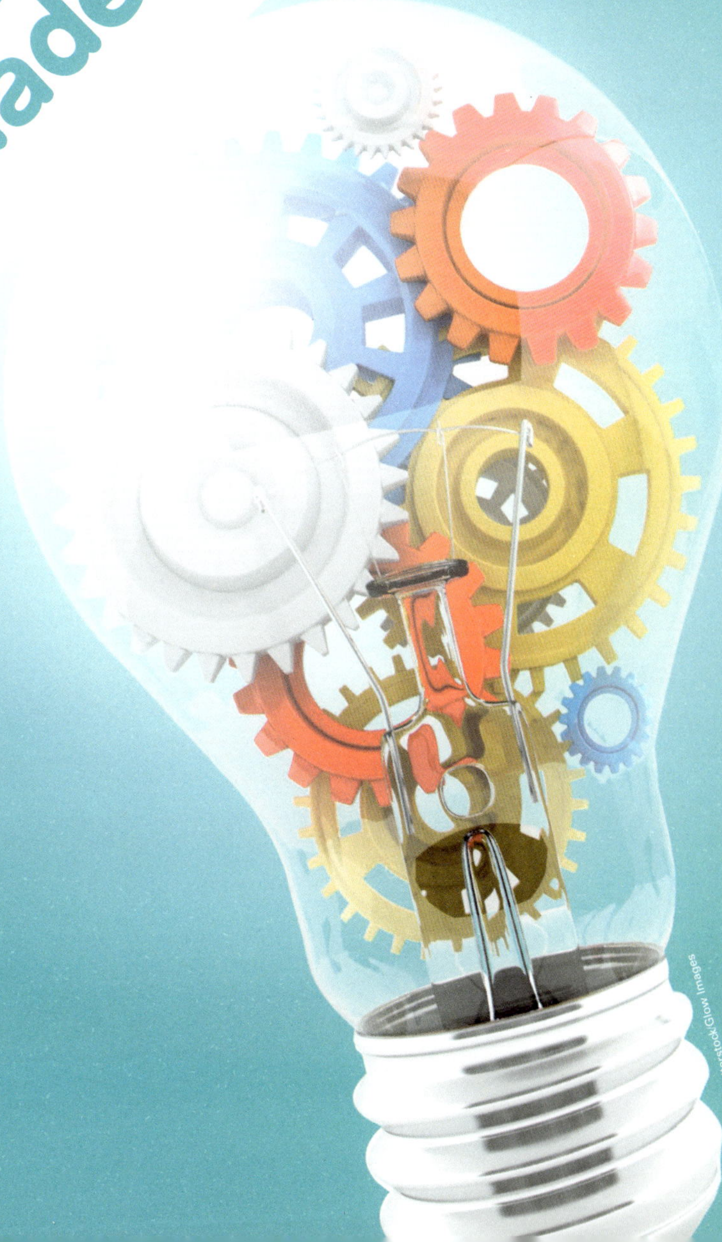

Documentos históricos

Imagine que, daqui a duzentos anos, um historiador vai pesquisar como eram as escolas no início do século XXI.

Provavelmente, ele encontrará informações sobre o tema por meio de documentos diversos, como cartas, textos, fotos, desenhos, entre outras coisas.

A sua tarefa agora é criar alguns desses documentos, mostrando como é ser um estudante hoje e como é a sua escola. Para isso, faça colagens e desenhos abaixo.

Caderno de criatividade e alegria

Material de apoio

4º ANO

editora scipione

Documentos históricos

Imagine que, daqui a duzentos anos, um historiador vai pesquisar como eram as escolas no início do século XXI.

Provavelmente, ele encontrará informações sobre o tema por meio de documentos diversos, como cartas, textos, fotos, desenhos, entre outras coisas.

A sua tarefa agora é criar alguns desses documentos, mostrando como é ser um estudante hoje e como é a sua escola. Para isso, faça colagens e desenhos abaixo.

História divertida

Agora, você e mais três colegas vão escrever a história do Brasil colônia. Para isso, sigam as orientações abaixo:

1. Destaquem a ficha a seguir e decidam juntos quem iniciará a atividade.
2. O primeiro a ser escolhido deverá continuar a escrever a frase "A história do Brasil colônia começa assim...", já escrita na primeira linha da ficha.
3. Em seguida, essa mesma pessoa deverá dobrar a ficha, cobrindo a linha que escreveu, e passá-la para o próximo, que escreverá outra frase para continuar a história, e assim por diante.
4. Quando todas as linhas já tiverem sido preenchidas, peça a um colega de outro grupo que leia as frases em sequência para toda a turma ouvir. O resultado será uma história divertida sobre o Brasil colônia!

A história do Brasil colônia começa assim...

Hora da História

Este jogo contém: 14 cartas para recortar.

Número de participantes: 2, 4 (equipes de 2) ou 6 (equipes de 3).

Número de equipes: 2 (equipe A e equipe B).

Instruções:

- Um jogador da equipe **A** embaralha as cartas e coloca todas na mesa, viradas para baixo.
- O jogador da equipe **B** pega uma carta e faz a pergunta aos colegas da equipe **A**, que têm 1 minuto para responder à pergunta.
- Se os colegas da equipe **A** acertarem a resposta, ficam com a carta. Se eles errarem, a carta fica com a equipe **B**.
- Agora é a vez da equipe **A**: um colega pega a carta e faz a pergunta à equipe **B**. Assim, as equipes se revezam até que todas as perguntas sejam feitas, esgotando as cartas do monte.
- Ganha o jogo quem acumular mais cartas no final.

Carta 1: Em que século houve o encontro entre portugueses e indígenas? **Resposta:** Século XV.

Carta 2: Qual o nome da madeira que foi explorada pelos portugueses e deu nome às terras que hoje formam o Brasil? **Resposta:** Pau-brasil.

Carta 3: Os portugueses pretendiam converter os indígenas à sua religião. Que religião era essa? **Resposta:** O catolicismo.

Carta 4: Em que região da colônia o cultivo de cana-de-açúcar foi mais intenso? **Resposta:** No Nordeste.

Quem foi o primeiro imperador do Brasil?

Resposta: Dom Pedro I.

Qual é o nome atribuído aos estrangeiros que vieram para o Brasil trabalhar após a proibição da escravidão no país?

Resposta: Imigrantes.

Quem foi condenado à morte após o fracasso da Inconfidência Mineira?

Resposta: Tiradentes.

Qual é o nome da lei que aboliu a escravidão no Brasil?

Resposta: Lei Áurea.

Qual foi o principal produto explorado na colônia portuguesa durante o século XVIII?

Resposta: O ouro.

Como se chamavam as comunidades criadas por africanos que resistiam à escravidão?

Resposta: Quilombos.

Quais foram as duas primeiras capitais do Brasil?

Resposta: Salvador e Rio de Janeiro.

Qual foi o principal produto exportado pelo Brasil durante o Segundo Reinado?

Resposta: O café.

No início do século XVI, qual nome foi dado aos quinze lotes de terra que dividiram a colônia portuguesa na América?

Resposta: Capitanias hereditárias.

Qual é o nome do documento que contém as principais leis de um país?

Resposta: Constituição.

Caderno de criatividade e alegria

Elementos naturais e humanos das paisagens

Destaque as figuras abaixo para montar, na página 11, uma paisagem. Se quiser, complemente a paisagem com outras colagens e desenhos.

Depois, discuta com os colegas: como o ser humano poderia modificar essa paisagem gerando o mínimo possível de danos a ela? Fazendo mais colagens na paisagem que você criou, tente representar essas modificações.

Monte aqui sua paisagem!

As regiões brasileiras e suas bandeiras

Destaque as bandeiras da página 23 deste Caderno e cole nos lugares indicados nos mapas a seguir.

Bandeiras dos estados da região Sul

Paraná (PR)

O verde representa as matas; o círculo azul representa o céu com a constelação Cruzeiro do Sul; os ramos simbolizam a mata de araucárias e a erva-mate, comuns no estado; o branco é a paz.

Santa Catarina (SC)

O losango representa a vegetação; no brasão, o barrete (chapéu de pano) vermelho bem no alto é o símbolo da república e a águia, as forças produtoras do estado. A estrela representa a integração dos municípios; a âncora, o mar que banha o estado; 17 de novembro de 1889 é a data em que o estado adotou o sistema republicano; o trigo e o café são as lavouras da serra e do litoral e a chave simboliza a posição estratégica do estado na região Sul.

Rio Grande do Sul (RS)

O brasão simboliza a Guerra dos Farrapos, e a faixa vermelha, a República Rio-grandense. O fumo e a erva-mate representam a economia do estado.

Almanaque Recreio. São Paulo: Abril, 2005. (Texto adaptado).

Bandeiras dos estados da região Centro-Oeste e do Distrito Federal

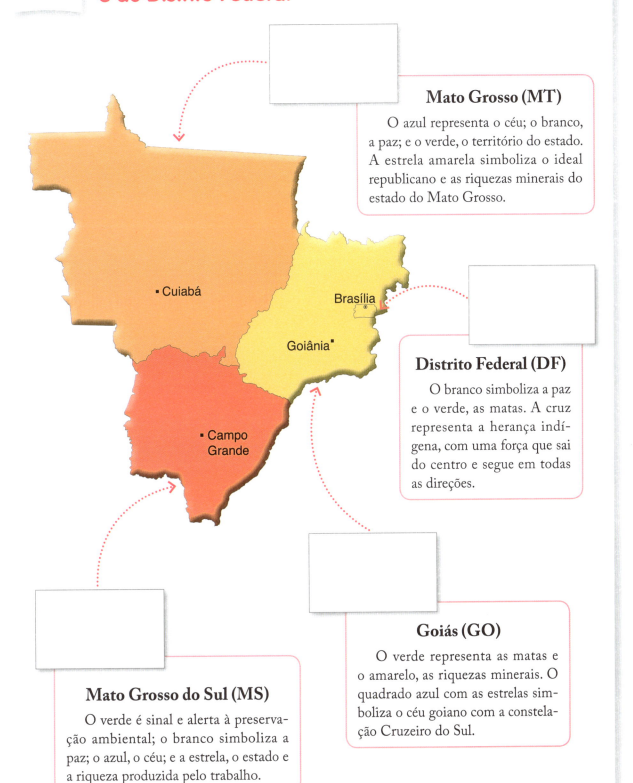

Mato Grosso (MT)

O azul representa o céu; o branco, a paz; e o verde, o território do estado. A estrela amarela simboliza o ideal republicano e as riquezas minerais do estado do Mato Grosso.

Distrito Federal (DF)

O branco simboliza a paz e o verde, as matas. A cruz representa a herança indígena, com uma força que sai do centro e segue em todas as direções.

Mato Grosso do Sul (MS)

O verde é sinal e alerta à preservação ambiental; o branco simboliza a paz; o azul, o céu; e a estrela, o estado e a riqueza produzida pelo trabalho.

Goiás (GO)

O verde representa as matas e o amarelo, as riquezas minerais. O quadrado azul com as estrelas simboliza o céu goiano com a constelação Cruzeiro do Sul.

Almanaque Recreio. São Paulo: Abril, 2005. (Texto adaptado).

Bandeiras dos estados da região Norte

Amazonas (AM)
O vermelho simboliza o povo amazonense que participou da guerra de Canudos; o branco representa a paz. As estrelas são os municípios, e a maior é Manaus.

Roraima (RR)
O verde representa as matas e o amarelo, as riquezas minerais; o branco simboliza a paz e o azul, o céu. A faixa vermelha representa a Linha do Equador e a estrela, o estado de Roraima.

Amapá (AP)
O verde representa as matas; o amarelo, os minerais; o azul, o céu; o branco, a paz; e o preto, o respeito aos que morreram lutando pelas terras que hoje formam o Amapá.

Pará (PA)
O vermelho representa a força dos paraenses; o branco representa a Linha do Equador e o Rio Amazonas. A estrela azul simboliza o próprio Pará.

Acre (AC)
O verde simboliza as matas e o amarelo, as riquezas minerais. A estrela vermelha representa os brasileiros que morreram nas lutas por terra contra os bolivianos.

Rondônia (RO)
O verde simboliza as matas; o amarelo, as riquezas minerais; o azul, o céu; e o branco, a paz. A estrela representa o próprio estado de Rondônia.

Tocantins (TO)
O azul representa os rios e o amarelo, as riquezas do estado. O sol sobre a faixa branca é símbolo de igualdade, já que ele nasce para todos os cidadãos.

Almanaque Recreio. São Paulo: Abril, 2005. (Texto adaptado).

Bandeiras dos estados da região Nordeste

Maranhão (MA)
As faixas brancas, pretas e vermelhas simbolizam os brancos, os negros e os indígenas. A estrela sobre o fundo azul simboliza o estado do Maranhão no céu do Brasil.

Ceará (CE)
O verde e o amarelo simbolizam as matas e as riquezas minerais. O farol, a jangada e a carnaúba representam Fortaleza, os cearenses e o extrativismo vegetal.

Rio Grande do Norte (RN)
No brasão, o coqueiro, a carnaúba, a cana-de-açúcar e o algodão representam a flora do estado; o mar com a jangada representa a pesca e a extração de sal.

Paraíba (PB)
A palavra "NEGO" simboliza a rejeição do político João Pessoa à candidatura de Júlio Prestes à presidência. O vermelho representa o assassinato de João Pessoa e o preto, o luto por sua morte.

Piauí (PI)
O amarelo simboliza a riqueza mineral e o verde representa a esperança. A estrela sobre o fundo azul é o estado do Piauí.

Pernambuco (PE)
O arco-íris significa a união dos pernambucanos; o azul simboliza o céu e o branco, a paz. O sol representa a força do estado e a cruz, a fé na justiça.

Bahia (BA)
Vermelho, azul e branco, cores da bandeira norte-americana, representam o apoio baiano aos ideais republicanos. O triângulo representa os movimentos da Inconfidência Mineira e da Conjuração Baiana.

Sergipe (SE)
O verde, o amarelo o azul e o branco simbolizam a integração do estado ao Brasil. As estrelas simbolizam cinco dos rios que banham Sergipe: São Francisco, Vaza-Barris, Sergipe, Poxim e Cotinguiba.

Alagoas (AL)
O brasão representa as riquezas do estado, como a cana-de-açúcar e o algodão, e as primeiras cidades alagoanas – Porto Calvo e Penedo. As cores das faixas simbolizam liberdade, igualdade e fraternidade, em referência à bandeira francesa.

Almanaque Recreio. São Paulo: Abril, 2005. (Texto adaptado).

Bandeiras dos estados da região Sudeste

Minas Gerais (MG)
O triângulo vermelho simboliza a Santíssima Trindade da religião cristã; o branco é a paz dos inconfidentes; e a frase em latim, do poeta romano Virgílio, significa "Liberdade, ainda que tardia".

Espírito Santo (ES)
O azul simboliza a harmonia; o rosa simboliza a felicidade; e o branco simboliza a paz. "TRABALHA E CONFIA" é uma frase de Santo Inácio de Loyola, criador da ordem religiosa católica dos jesuítas.

São Paulo (SP)
As faixas brancas e pretas representam os brancos e os negros; o retângulo vermelho representa os indígenas; e as estrelas simbolizam o Cruzeiro do Sul.

Rio de Janeiro (RJ)
O azul simboliza o mar; e o branco, a paz. No brasão, o café e a cana-de-açúcar, dois importantes produtos para a economia do estado. O cocar, o arco e as flechas são símbolo do que é nacional.

Almanaque Recreio. São Paulo: Abril, 2005. (Texto adaptado).

  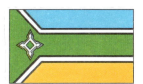 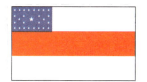

A formação do povo brasileiro

Você conhece o significado da palavra "miscigenado"? Muitos países têm pessoas de origens diferentes. No entanto, poucos lugares têm uma população tão miscigenada quanto a brasileira. A miscigenação está ligada ao nascimento de crianças com pais de diferentes origens étnicas.

Observe os colegas na sala de aula e desenhe nos espaços abaixo diferentes feições do rosto deles. Você também pode recortar de revistas feições do rosto de pessoas desconhecidas.

Sobrancelhas

Nariz

Lábios

Orelhas

Queixo

OS TRÊS MOSQUETEIROS

Os contos de fadas antigamente eram transmitidos de forma oral, de geração para geração. Hoje, muitos deles já são encontrados em livros, revistas e até mesmo na internet. Você, por exemplo, talvez já tenha lido ou ouvido alguns desses contos.
Agora, imagine como seria legal se você pudesse escrever, com suas próprias palavras, um conto de fadas! Sim, isso mesmo! Aqui você terá a oportunidade de realizar essa fascinante tarefa.
Dê asas à sua imaginação e bom trabalho!

Este livro foi escrito por: ....
Escola: ....

editora scipione

Diretoria editorial
Lidiane Vivaldini Olo

Gerência editorial
Luiz Tonolli

Editoria de Anos Iniciais
Tatiany Telles Renó

Edição
Duda Albuquerque / DB Produções Editoriais (colaborador)

Gerência de produção editorial
Ricardo de Gan Braga

Arte
Andréa Dellamagna (coord. de criação),
Gláucia Correa Koller (progr. visual de capa e miolo),
Leandro Hiroshi Kanno (coord. de arte) e
Fábio Cavalcante (editor de arte)

Revisão
Hélia de Jesus Gonsaga (ger.),
Rosângela Muricy (coord.),
Luís Maurício Boa Nova,
Vanessa de Paula Santos,
Brenda Morais e Gabriela Miragaia (estagiárias)

Ilustrações de capa e miolo
Andréia Vieira

Direitos desta edição cedidos à Editora Scipione S.A.
Av. das Nações Unidas, 7221, 3º andar, Setor D
Pinheiros – São Paulo – SP – CEP 05425-902
Tel.: 4003-3061
www.scipione.com.br / atendimento@scipione.com.br

2018

2ª edição
6ª impressão

Impressão e acabamento
Bercrom Gráfica e Editora

Texto de Alexandre Dumas adaptado por Armando Coelho.

Na França do século XVII, durante o reinado de Luís XIII, um jovem de 18 anos partiu da região da Gasconha para Paris. Seu nome era d'Artagnan, e ele sonhava tornar-se membro da guarda do rei. Levava consigo uma carta de recomendação de seu pai endereçada ao capitão da guarda, Senhor de Tréville.

Ao se encontrar com d'Artagnan, o duque pediu a seu joalheiro particular que fabricasse cópias das joias roubadas.

Enquanto isso, Constance foi raptada pelos guardas do cardeal.

D'Artagnan conseguiu uni-los novamente. No retorno a Paris, o capitão da guarda lhes pediu que se juntassem ao exército no cerco a La Rochelle e informou a d'Artagnan que o rei lhe concedera o título de mosqueteiro do rei.

Fim